미래의 당신을 위한
보건의료 입문서
-누구나 간호와 돌봄은 필요하다

바람이 멈추는 곳
햇볕이 들지 않는 곳
눈물이 흘러 고이는 곳
우리의 모든 운동은
그곳으로부터 시작되어야 한다

미래의 당신을 위한
보건의료 입문서
-누구나 간호와 돌봄은 필요하다

초판 1쇄 펴낸 날 / 2022년 10월 5일

지은이 • 강주성 | 펴낸이 • 임형욱 | 디자인 • 예민
펴낸곳 • 행복한책읽기 | 주소 • 서울시 종로구 창신11길 4, 1층 3호
전화 • 02-2277-9217 | 팩스 • 02-2277-8283 | E-mail • happysf@
naver.com
인쇄 제본 • 동양인쇄주식회사 | 배본처 • 뱅크북(031-977-5953)
등록 • 2001년 2월 5일 제2014-000027호
ISBN 979-11-88502-23-3 03300
값 • 15,000원

미래의 당신을 위한

보건의료 입문서

— 누구나 간호와 돌봄은 필요하다

강주성 지음

행복한책읽기

3부 보건의료 : 사람을 만나는 의료를 꿈꾸며

잘 안 보여도
아직 살아 있으니 괜찮다

2007년 『대한민국 병원사용설명서』를 출간한 이후 15년 만에 두 번째 책을 내게 되었다. 이번 책은 그동안 페이스북에 써왔던 글을 중심으로, 두세 곳의 언론사에 기고했던 글을 몇 개의 주제로 분류해서 엮었다.

애초부터 책 출간을 염두에 두고 썼던 글이 아니고 특정 사안에 대한 분노나 절망이 두서없이 얽혀 있는 거친 글들이다. 특히 2018년 이후의 글들은 모두 스마트폰의 메모장 기능을 활용해서 쓰거나, 페이스북에 스마트폰으로 직접 써서 올린 것들이니, 읽고 고치고를 반복했던 첫 번째 책을 생각하면 출간을 하는 지금까지도 마음에 미진함이 가득하다.

게다가 지금은 컴퓨터로 글을 쓰거나 자료들을 읽는 것이 어려울 정도로 눈의 상태가 안 좋아져서 글의 선별과 분류 등 모든 것을 출판사와 주변의 동료들에게 전적으로 의탁할 수밖에 없었다.

이는 앞으로 다시 새로운 책을 펴낸다는 것이 가능한 일이 아닐뿐더러, 한 편의 글도 쓰는 것이 쉽지 않다는 것을 의미한다. 더불어 모든 활동가의 덕목이 학습과 실천일진대, 이제 읽고 쓰지를 못 함으로 인해 학습하지 못 하는 활동가가 되었으니 실천 역시 올바로 담보하기가 더 어려워진 것이다.

급기야 작년 겨울에는 새롭게 굿파스쳐증후군이라는 희귀 자가면역질환에 걸려 양쪽의 신장이 다 망가지고, 일주일에 세 번의 투석을 해야 생명을 유지할 수 있는 신장장애인이 되었다.

이로써 20년 전 백혈병이 걸려서 골수이식을 한 이후, 시각장애와 청각장애를 얻고 다시 신장장애를 얻음으로써 복합중증장애인이 되었다. 이렇게 환자와 장애인의 정체성을 가지고 근 20년 이상을 살아온 것이다.

그래서 일반적으로 내 글은 다분히 환자나 장애인 등 약자에게 편향적이다. 나의 글은 대부분 정부나 제약회사, 그리고 병원이나 의협 등 이익집단과의 싸움을 하는 과정에서 쓰여졌다. 이렇게 권력과 자본에 둘러싸여 있는 약자의 보건의료 환경은 나를 더 약자의 입장에 서게 만들었다. 아울러 나는 의사와 같은 의료인이 아닌 것을, 정부 관료 출신이 아닌 것을, 그리고 공부를 많이 한 보건학자가 아닌 것을 다행스럽게 생각하며 살아왔다.

뒤돌아보면 고마운 일이다.

이 책은 총 4부로 구성하였다.

1부는 이 책 출판의 계기이기도 한 간호법과 관련한 글들을 실었다.

그러나 사실 글의 내용은 간호법 자체보다는 간호법을 계기로 간호 전체에 대한 관점을 수정하라고 요구하는 글이 대부분이다. 의료인이지만 정체성을 잃어버린 간호사들에게 깨어나길 촉구하며, 가치와 철학을 가진 의료인으로 다시 태어나길 바라는 글이다.

2부는 간병시민연대와 간호와 돌봄을 바꾸는 시민행동의 활동을 하면서 썼던, 간병과 돌봄에 관한 글이다.

원래 돌봄의 뜻에 간호니 간병이니 하는 것들도 다 포함되지만 병원에서 보통 쓰는 간호간병과 지역사회에서 쓰는 돌봄을 편의적으로 구분하였다.

이미 몇몇 언론 인터뷰를 통해서도 밝힌 바 있지만 간병과 돌봄의 문제는 내 활동의 마지막 여정이다. 한국백혈병환우회를 만들면서 했던 글리벡 약가투쟁부터 시작하여 건강세상네트워크의 많은 부분의 활동 역시 건강보험의 보장성 확대, 그리고 시민과 환자를 위한 의료라는 지향을 가지고 있었다. 간병과 돌봄 문제는 지금까지 이어온 그 활동의 마지막 퍼즐을 맞추는 것이다.

3부는 보건의료제도 내의 이런저런 이야기들을 다뤘다.

사실 만약 글을 다시 쓴다면 가장 많은 주제와 내용들이 있겠지만 이번 책에서는 그간 내가 활동해 왔던 몇 가지 주제만을 실었다. 이에 특정 사안을 두고 싸움을 하는 과정에서 생성된 글은 모두 싣지 않았다. 2년 이상 적십자사와 싸웠던 진단기기와 혈액백 입찰비리 관련 내용이나, 제약회사와 싸웠던 세포치료제 논쟁 등 전문적이고 전후 상황을 모르면 이해하기 어려운 글들은 모두 빼버렸다.

4부는 대중운동이 가져야 할 가치와 철학을 다뤘다.

여기의 글들은 지금까지 내가 보건의료 건강권 운동을 해왔던 밑바탕이자 내 삶의 철학이라고도 할 수 있을 것이다. 거의 모든 내용들은 실천과 투쟁을 통해 정리된 것이다.

왜 운동을 하는가?

어떻게 할 것인가?

이 두 가지 질문은 단순하지만 스스로에게 끊임없이 되

뇌었던 질문이다. 단언컨대 이 실천과 사유는 나를 쓰러지지 않고 존재하게 했던 원동력이다. 그래서 쉬운 글임에도, 끝나지 않을 나의 고민은 여기저기 묻어 있다. 이 4부의 글에 특히 마음이 가는 이유다.

눈이 잘 보이질 않아서 이 저자 서문을 쓰는 데도 며칠이 걸렸다. 예전 같으면 한두 시간이면 썼을 법한 원고를 붙잡고 며칠을 보냈다. 자판 하나 하나를 누르며 쓰다 보니 그리 시간이 지난 것이다. 그래서 내 인생의 마지막 글이 이 서문이 될지도 모르겠다.

내 아내가 그런 내 눈을 대신해서 원고를 읽어주고 수정도 해주었다. 평생 출판편집자로 아이들 동화책만 만들어 온 아내는 지금까지 내 손발이 되어 주었다. 내 삶이 무언가 이룬 것이 있다면 그 모든 것은 내 아내에 의해서 만들어진 것이다. 이렇게 내가 살면서 운동이랍시고 할 수 있었던 힘이었기 때문이다. 그런데 결국 나의 인생 마무리도 그녀에게 의탁하게 되었다. 그녀에게 고맙다고, 그리고 사랑한다고 이야기하고 싶다.

2022년 9월 22일

강주성

1부

간호법 : 간호의 길을 발견하다

간호사들이여,
먼저 자신들의 장벽을 부숴라!

1. 스스로 이미 '아랫것들'이 되어버린 간호사들

얼마 전 서울아산병원에서 근무 중이던 간호사가 뇌출혈로 쓰러졌는데 개두술을 할 의사가 없어 다른 병원으로 전원을 하다 사망한 믿기 어려운 사건이 있었다. 이를 두고 대한간호협회에서 필수의료 의사 부족이 그 원인이라는 입장을 밝혔다.

그런데 전공의 수련과정의 초짜 의사가 대한간호협회 앞에서 "간호협회는 뭔데 주제넘게 의사 수가 부족하니 뭐니 지껄이나? 어디 건방지게 함부로 입을 함부로 놀려!"라는 모욕적인 피켓을 들고 시위를 했다. 이에 대해 간호계는 누구 하나 항의도 발언도 하지 않았다. 하긴 의협회장도 아니고 달랑 전공의협의회 회장 선거에 출마한 일개 전공의 한 명의 철없는 행동에 간호계가 뭔가를 할 필요도 당연히 없었을 것이다.

하지만 간호대 학생 정도라도 이에 항의하는 피켓을 들

고 의협회관 앞에서 시위를 한번 하지 않을까 내심 기대
했는데 사실 좀 실망스런 마음이 없지 않다. 왜냐하면 나
같은 사람이 외부에서 볼 때는 '정말 간호사들은 스스로
의사의 아랫것들이라고 생각하나?' 하는 생각을 가질 수
도 있기 때문이다.

'니들이 어디서 지껄이나?'라는 그 전공의의 인식은 같
은 의료인이자 각기 다른 의료면허 소지자인 의사-간호사
의 관계를 수직적인 지시와 복종의 관계로 인식하고 있음
을 단적으로 보여준다. 간호사 면허를 독립면허가 아니라
의사면허 뒷장의 부칙면허 정도로 인식하고 있는 것이다.
이런 인식은 의사 중심의 의료체계에서 의사도 간호사도
자연스럽게 체화되어 있다.
간호법에 대한 나의 글쓰기(간호법 글쓰기)는 이렇게
사회적으로 구조화되었을 뿐 아니라 온몸으로 체화된 이
관계를 뒤흔드는 것이다. 내 글에 안팎으로 저항이 발생하
는 이유다.

2. 간호사는 자신만의 의료행위를 할 수 있는 의료인이다

나는 예전에 '의사가 간호업무를 하면 의료법 위반일까
요?'라는 글(이 책 31쪽)에서 그것은 당연히 의료법 위반

이라고 썼었다. 이렇게 이야기한 이유는 아래의 의료법 조항에 그 근거를 두고 있다.

잠깐 신구 의료법 조항을 한번 살펴보자. 1962년 의료법은 이렇게 되어 있었다.

> 제25조(무면허자의 의료업무금지) 의사가 아니면 의료를, 치과의사가 아니면 치과의료를, 한의사가 아니면 한방의료를, 조산원이 아니면 조산업무를, 간호원이 아니면 간호업무를 행하지 못 하며 또한 각 그 명칭이나 이와 유사한 명칭을 사용하지 못 한다.

이 조항은 간호사가 아니면 누구든지 간호업무를 하면 안 된다고 분명히 못 박고 있다. 또한 이 법 조항의 취지는 1973년 의료법 전면 개정 이후에도 표현만 바뀌었을 뿐 동일하게 되어 현재에 이르고 있다.

1973년에 개정된 의료법 개정 조항은 다음과 같다.

> 제24조 (무면허의료행위등 금지) ① 의료인이 아니면 누구든지 의료행위를 할 수 없으며 의료인도 면허된 이외의 의료행위를 할 수 없다.(하략)

현재는 그동안 신설된 조항으로 인해 조항의 숫자만 변경됐을 뿐, 같은 내용이 2021년 개정된 의료법에도 제27

조로 자리 잡고 있다.

이 조항을 있는 그대로 해석하면, 의사는 간호업무를 할 수 없고, 의사가 간호업무를 하게 되면 당연히 의료법 위반이 된다.

하지만 병원 현장에서 환자에게 행하는 의료행위는 모두 의사의 진료행위로 간주되었고, 그외의 직종은 의사의 의료행위를 보조하는 것으로 위치지어졌다. 이로써 간호업무 역시 이 사람 저 사람 아무나 다 할 수 있는 것으로 인식되었다. 간호업무는 의사의 지시를 받는 100% 의사행위의 종속 업무인 것인양 구조화되어 간호사가 그저 의사의 진료보조사로 전락한 것이다.

그러다 보니, 간호사들 스스로가 독립면허의 의미도 모를뿐더러 간호사가 독자적으로 할 수 있는 의료행위에는 무엇이 있는지도 잘 모르는 껍데기 의료인이 되어 있을 정도다. 상황이 이러니 병원 현장에 있는 사람들의 의식 역시 강고하게 형성되어 있다는 것을 의미한다.

이런 의식과 관계의 틀을 흔들거나 금이 가게 하면 곧바로 저항이 일어난다. 거의 본능적으로 움직이는 것이다. 위에 언급한 철부지 전공의의 표현은 아무도 가르쳐 주지 않았지만 이런 환경에서 당연하게 습득되고 교육된 인식의 발로일 뿐이다.

3. 간호사들이여, 용맹정진하라!

이런 환경이긴 하지만 나는 간호사들이 진실로 의료인의 한 사람으로서 설 수 있기를 바라고 있다.

나는 개인적으로 간호사 당신들에게 희망을 걸었다. 결국 모든 환자와 국민들을 끝까지 안아줄 수 있는 사람은 바로 간호사들이라고 생각하기 때문이다. 국민들도 당신들을 선택할 수 있기를 바란다.

그래서 간호계가 올해를 자기 혁신의 원년으로 삼고 더욱더 용맹정진하길 바라는 마음이다.

(2022. 8. 16. 페이스북)

간호사 대중운동의 시작

1. 뒤틀린 간호사의 정체성

의협이 "간호는 아무나 하는 것"이라고 해도 간호사들은 아무 말이 없다. "니들이 어디서 지껄여"라고 새파란 전공의가, 그것도 다른 데도 아니고 간호협회 문 앞에서 피켓을 들어도 아무도 말이 없다. 간호사도 아닌 내가 다 치욕스럽던데, 간호사 분들은 속으론 부글부글 끓어오를지는 몰라도 겉으론 아무 말이 없다.

간호사들은 그동안 시키면 시키는 대로 하면서만 살아왔다. 수술방에 들어오라면 들어가고, 환자 수술 부위 봉합하라면 봉합도 했고, 처방도 투약도 하고, 급기야는 시키는 대로 메스도 잡았다.

그것뿐이랴! 초음파 기계도 다루고, 의사와 병원이 시키는 온갖 일을 다 했다. '국민을 돌본 100년 간호, 앞으로 100년도 간호사가 책임지겠다'는 것이 간호협회의 표어다. 하지만 그렇게 해서는 절대 국민들 책임 못 진다. 안타깝게도 병원 경영에 간호사들 스스로를 갈아넣어서 분골

쇄신 병원의 돈벌이 수단으로 전락되었을 뿐이다.

간호사들은 이렇게 말 그대로 백 년을 살아왔다. 말이 백 년이지 백 년을 이어오면서 쌓은 구조와 문화, 그리고 그 안에서 훈련되고 구조화된 인식은 독립적인 의료인으로서의 간호사가 아니라 극히 종속적이고 수동적인 간호사만을 교육하고 배출해 냈다.

이것뿐이랴! 병원 먹여 살린다고 돈벌이 의료의 일선에서 묵묵히 일만 했다. 일하다가 죽거나 힘이 들어서 더 이상 못 하겠다고 숱하게 이직을 해도 그저 현실이 그러려니 하고 버텼다.

학부에서 4년이나 시간 들여 배운 간호학도 병원에 오면 무용지물이 되었다. 병원에는 간호가 있는 게 아니라 의사가 지시하는 일만 있기 때문이다.

그래도 의료법에는 의사와 똑같이 의료인의 반열에 간호사가 버젓이 올라 있다. 의료법도 간호면허 이외의 자가 간호업무를 하면 의료법 위반이라고 분명히 못 박고 있지만, 정작 간호사 본인들은 남이 하면 의료법 위반인 자신의 업무가 무엇인지 단 하나도 알지 못 한다. 이상해도 너무 이상하다.

의협은 집에서 환자와 가족들이 기본적인 바이털 체크부터 석션이며, 피딩, 장루 관리, 투약과 주사까지 하면서 살고 있어도 그게 위험하며 국민 건강에 문제를 초래할 수 있다고 이야기하는 것을 들어본 적이 없다. 하지만 간호사가 의사의 허락을 안 받고 바이털 체크라도 하는 날에는 의료법 위반과 국민건강을 운운하면서 즉시 쌍심지를 켠다.

그래도 간호사들은 말이 없다. 착한 게 아니라 이미 구조에 순응한 결과이고, 더 근본적으로는 간호에 대한 가치와 철학이 부재하기 때문이다.

이 뒤틀린 정체성을 바로 세우지 않는 한 간호사의 미래란 없을 것이다. 우리나라 돌봄의 미래 역시, 두 말 할 나위가 없다.

2. 의료노동자로서의 간호사와 의료인으로서의 간호사

그러나 나는 최근에 간호사를 다시 보고 있는 중이다. 사실 엄밀히 말하면 예전에는 한 번도 생각해 보지 않았으니 '다시 본다'라는 말은 틀린 말이다. 아무튼 현재 나는 간호사들, 더 정확히 말하면 간호사 대중들을 보고 또 보고 있는 중이다.

그동안 나처럼 사회운동 하는 사람들이 보건의료에서 간호사를 바라본 건 병원 노조에 속해 있는 '의료노동자'로서의 간호사들뿐이었다. 요새 나는, '내가 정말 미련하고 시야도 좁게 운동을 했구나' 하는 생각을 한다. 왜 '의료인'인 간호사를 노동자 대중으로만 보았을까? 그건 노동운동을 중심에 놓고 생각했던 사고의 연장에서 자연스레 이루어진 것이었다.

나는 이런 사고의 연장선상에서 현재 시민사회가 간호법에 대해 침묵하고 있거나 반대를 하는 것은 간호에 대한 몰이해로부터 연유한 것이라고 생각한다.

사람은 사회에서 다양한 위치에 있고 이는 다양한 사회적 역할로 나타난다. 내가 남자로서 아버지이고 아들이고 남편이기도 한 것처럼, 간호사 대중은 의료노동자이고, 의료제도 내에서는 의료인 중 한 집단으로 분류된다.

나는, 그리고 우리는 지금까지 간호사들을 '의료인으로서의 간호사'보다 '의료노동자로서의 간호사'라는 한 측면으로만 보았던 것을 인정하며, 또 사회운동적 입장에서 반성한다.

3. 간호사 대중운동의 중요성

정치에서 선거판이 벌어지면 보통 중간층의 표심을 어떻게 잡을 수 있을지가 관건이 된다. 많은 사람이 모여 있는 층이기도 하지만, 이들이 사회를 유지하는 허리 역할을 하기 때문이다.

보건의료에서는 이런 중간층을 간호사들이라고 볼 수 있다. 간호사들은 단위 병원 조직만으로 봐도 가장 많은 숫자를 차지하지만, 병원을 유지하게 하고 환자를 24시간 접촉하는 가장 최전방의 일꾼들이다.

그런 일이 생기지 않아야겠지만 만약 간호사가 파업을 한다면 이는 의사의 파업보다 훨씬 더 큰 영향력을 갖는다. 의사의 파업은 진료를 멈추게 하지만 간호사의 파업은 병원 운영 자체를 멈추게 하기 때문이다. 환자를 돌보는 간호사가 파업을 한다는 건 이처럼 상상할 수도 없고 일어나서도 안 되는 일이다. 여하튼 간호사는 병원을 유지하고 운영하는 일의 핵심이다.

간호사들은 지금까지 100년 동안 독자적인 조직 운동을 해본 적이 없다. 간호협회는 운동단체가 아니라 이익단체이니 그럴 만하다.

다른 의료인들은 지금까지 협회 이외의 자기 나름의 사회운동조직을 구성하여 해당 직역의 협회를 견제하면서 전문가로서의 의료인이 가져야 할 사회적 책무를 다하려고 활동해 왔다. 인도주의실천의사협의회가 그렇고, 건강사회를 위한 약사회, 건강사회를 위한 치과의사회, 그리고 건강사회를 위한 한의사회가 그렇다. 이외에도 여러 단체들이 활동을 하고 있다.

하지만 유독 간호사만은 이런 단체의 활동을 본 적이 없다. 다만 근래 '행동하는 간호사회'라는 단체가 만들어졌지만 활동이 미미할뿐더러 대중운동을 한다고 하기에는 아직 의심스럽다.

아무튼 현실에서 간호사 대중운동은 이렇듯 전무하다. 어떤 사람은 간호사들이 다수를 차지하는 병원노조가 간호사 대중조직이 아니냐고 하지만, 병원 내 모든 직역들의 복합체인 병원노조가 간호사만의 정체성과 전문성을 가지고 운동하는 조직이라고 보는 건 무리가 있다.

중간층인 간호사의 운동성 구축은 보건의료의 체계를 건강하게 변화시킨다. 이는 수직적으로 구조화되어 있는 의사 중심의 의료체계를 흔드는 힘으로 작용할 수밖에 없기 때문이다.

이 힘은 의사의 독점적 권위를 축소시키며, 제반 직역 간의 비정상적인 관계를 변화시키는 작용을 할 것이다. 아직까지 한 번도 해보지 않았던 간호사들의 대중조직 건설과 운동이 요구되는 이유다.

간호사 대중운동은 보건의료운동의 지형을 변화시키며

건강권 운동과 돌봄(간병)체계 구축의 중요한 운동적 동력이 될 것이다. 아니 그렇게 만들어나가야 한다고 생각한다.

이는 내가 간호·돌봄의 사회적 체계를 구축하고자 활동하면서도, 한편으로는 간호사 대중들에 대해 시간과 노력을 쏟으며 대중조직 건설에 대한 모색을 하는 이유이기도 하다.

가보지 않은 새로운 길을 가는 중이다.

깨어라! 간호사들이여!

(2022. 8. 29. 페이스북)

간호대학은 지금까지 도대체
어떤 간호사들을 길러낸 걸까?

사람은 사회 속에서 길들여지고 만들어지지만 또 한편으로는 사람이 이 사회를 만들어간다. 법과 제도도 모두 사람이 만들고, 사람은 그렇게 자신들이 만든 제도에 다시 규정당한다. 이런 변증법적인 상호작용을 통해서 사회가 변화하고 발전하지만, 어떻든 가장 중요한 것은 바로 사람이다.

그래서 이 사회는 교육이 어떤 사람을 배출하는지에 관심이 있고, 또 어떤 사람을 배출하게 만들지에 대해 고민한다. 교육이 엉망이면 그 사회의 발전적인 미래를 기대하기가 어려워지기 때문이다.

간호 역시 간호대학의 교육과정을 거쳐서 간호사들을 양성, 배출하고 있다. 관련 교육과정을 이수해야 비로소 간호사 시험에 응시할 수 있는 자격이 주어진다.

앞의 글에서 이미 말했다시피, 의과대학을 졸업하면 의사 국가시험을 볼 수 있을 뿐, 간호사 국가시험을 볼 수 있는 건 아니다. 오직 간호 교육과정을 모두 이수한 사람에게만 자격이 주어지는 것이다. 간호대학 학생들은 이런 시험을 거쳐야 비로소 보건복지부 장관 명의의 면허증을 발급받는다. 국가가 간호 전문가로 인정한다는 인증서다.

면허를 발급한다는 건 배타적 의미를 갖는다. 아무나 그 면허의 업무를 하지 말라는 의미가 있고, 동일 분야라도 다른 면허 보유직이 업무를 침범하면 안 된다는 구분이기도 하다.

의료법에는 의료인이 모두 다섯으로 규정되어 있다.

그 다섯은 의사, 치과의사, 한의사, 간호사, 조산사이다. 이 의료인들은 모두 독립면허 소지자이며 모두 해당 분야의 전문가로 인정받는다.

그러나 1973년 간호사에게 면허된 간호업무는 의료법상 명백한 의료행위임에도 불구하고, 정부가 하위법령으로 간호조무사에게도 간호업무를 허용하면서 간호사의 간호업무는 의사, 간병인, 보호자 등 모두가 할 수 있는 것이라고 생각하게 되었다.

전문직으로 일을 하라고 독립면허를 내줬는데 왜 이렇게 된 걸까? 다른 면허자들이 간호사의 일을 해도 왜 이상하지 않게 되었을까? 왜 간호사들은 자신들의 일을 다른 직종이 침범해도 아무 소리를 못 하게 되었을까?

간호전문가로서 간호사들의 자부심과 자긍심은 무엇인가? 솔직히 그런 것이 있기나 한 걸까? 이런 문제들에 대한 고민을 해본 적은 있을까?

간호사 분들에게 묻기 전에 나도 왜 그런지 생각을 해보았다. 간호사 분들이 내 질문에 대해 어떤 생각을 가졌는지는 모르지만 내 생각의 결론은 이렇다.

'아하, 대학교육 때부터 학생들은 간호라는 독자적인 의료행위에 대해 제대로 배우지 못 하였구나!'

이런 연유로, 내가 만났던 간호사들에게 "독립적인 의료인으로서의 간호사 업무가 뭐가 있냐?"고 물어보면 대답을 제대로 했던 사람이 한 명도 없었던 것이다.

그렇기 때문에 "의사가 간호사의 간호업무를 할 수 있고, 무면허 의료행위 규정에서 간호사의 간호업무를 제외시켜서 의사, 간호조무사 간병인 모두가 할 수 있도록 해야 한다"는, 간호 존재 자체를 부정하는 주장에 대해 간호교육자나 간호사분들이 별다른 응답이나 대처가 없는 것이라 생각된다.

간호사 면허 업무를 누구나 할 수 있는 것이라는 주장은 간호학문에 대한 심각한 모독일진대 별다른 대응이 없다.

내가 간호대학 커리큘럼과 교재의 내용까지 다 뜯어보지는 못 했다. 이 점은 양해를 구한다.

그러나 현재의 결과를 역으로 추산해서 생각을 하다 보면 결국 풍향계의 화살은 자꾸 학교를 가리키고 있다.

간호대학 교수님들. 지금까지 도대체 어떤 간호사들을 길러내신 겁니까?

왜 간호사들이 간호사가 아니라 모두 진료보조사가 된 겁니까?

(2022. 5. 31. 페이스북)

의사가 간호를 하면 의료법 위반일까?

-간호의 업무 범위와 규정에 대하여

이런 질문 자체가 황당한가? 하긴 고민은커녕 한 번 생각해 본 적도 없는 질문일 것이다.

얼마 전 내 글과 관련하여 내가 좋아하는 의사 후배 한 명과 작은 댓글 논쟁이 있었다. 결국 내가 "의사도 간호하면 의료법 위반이에욧!" 했더니 후배는 화가 났는지 휙 대화를 끝내 버렸다.

개인적으로는 좀 섭섭했다. 적어도 내가 저런 황당무계해 보이는 이야기를 하면 그럴 만한 앞뒤 고민이 있었을 거라고 생각해 주면 좋으련만 그렇진 않더라. 다 내 부덕의 소치다. 사실 저 질문이 뜬금없긴 하다. 그리고 페북 댓글로 바로바로 글을 쓰다 보니까 오해를 유발할 소지가 있을 수도 있다.

이 문제에 대해 정확히 이야기하면, "의사가 환자를 돌보는 간호를 할 수 있지만, 간호사가 해야 하는 간호업무를 의사가 한다면 이건 무면허 의료행위로 의료법 위반입

니다"라고 하는 게 맞는 말이다. 아마 이 말도 이해는커녕
용납 자체가 안 될 의사들이 수두룩할 것이다. 이건 이전
의 글에 내가 썼던 '간호는 독립면허다'라는 의미의 연장
에서 이해해야 할 내용이다.

이런 질문과 고민을 하는 이유는 간호의 업무와 범위를
우리 사회가 고민하지 않았던 것에 기인한다. 의사면허를
땄어도 의사가 간호사 시험을 볼 수 없는 이유는, 의사는
간호 업무를 배운 적이 없기 때문이다.

이렇게 각각 면허를 나눠 놓았다는 것은 각각의 독립적
업무가 존재한다는 의미이고, 서로가 서로의 업무를 침범
하면 안 된다는 뜻일진대 우리 사회는 의학을 공부하기만
하면 환자에 대해 모든 것을 다 할 수 있고 또 해도 된다
는, 오랜 기간의 잘못된 통념이 모두에게 자리 잡고 있다.
전의 글에서 나는 이것을 오만방자한 생각이라고 이야기
했다.

그럼 대체 간호의 업무가 뭐냐는 것이다. 그런데 이 질
문이 문제인 이유는 간호 업무 규정이 너무나도 포괄적이
라는 데에 있다.

지금의 논쟁은 다 간호의 포괄적 규정으로부터 연유한
다고 봐도 무방하다. 그래서 의사가 배우지도 않은 간호업

무를 할 수 있다고 생각하는 것이고, 이는 의료행위로서의 간호와 가족 또는 간병인이 수행하는 간호를 구분하지 못하기 때문이다. 모두 간호 업무 규정이 포괄적인 것으로부터 연유하고 이 포괄성이 현장에서는 애매모호함으로 나타난다.

얼마 전 제주대병원에서 신생아 한 명이 사망했다. 코로나에 걸린 신생아에게 소량의 분말로 사용해야 하는 약물을 50배 농도의 주사로 투약해서 생긴 일이다. 간호사는 늘상 했듯이 분말을 섞어서 주사제를 만든 것으로 보인다.
이런 경우, 과실치사가 적용되겠지만, 실제 법정에서 법리 다툼을 하게 되면 간호사는 약사법 위반으로 무면허 조제 행위 혐의가 덧붙여질 가능성이 있다. 주사제를 주사하는 행위는 의사 처방 하에 수행하는 간호사의 업무지만 그 주사제를 조제하는 행위는 약사의 업무이기 때문이다.

현재 약사법을 보면 "조제란 일정한 처방에 따라서 두 가지 이상의 의약품을 배합하거나 한 가지 의약품을 그대로 일정한 분량으로 나누어서 특정한 용법에 따라 특정인의 특정된 질병을 치료하거나 예방하는 등의 목적으로 사용하도록 약제를 만드는 것을 말한다"라고 되어 있다.
예외 규정에도 약사가 아닌 경우 의사와 치과의사는 있

지만 간호사는 없다.

이런 애기를 하면 인력이 많이 부족한 상황에서 약사가 모든 약을 조제한다는 것이 불가능하다고 항변하겠지만 어떻든 규정으로는 그렇게 되어 있다. 음압설치가 되어 있는 조제실에서 주사제를 포함한 모든 약을 약사가 조제해서 간호사에게 전달하면 간호사는 투약만 실시하는 미국과는 다르다는 이야기다.

이런 규정으로 보면, 환자가 수액을 맞고 있는 도중에 간호사가 다른 약을 주사하는 것도 전국 병원에서 다 하는 행위지만 이는 무면허 조제 행위이고 약사법 위반에 해당되는 것이다.

그런데 문제는 이런 사실관계와 규정들을 간호사들 스스로도 잘 모르고 있다는 거다. 그저 시키는대로 관행적으로 해왔을뿐더러, 업무규정도 애매하고 또 아무 저항 없이 그렇게 배워왔기 때문이다. 이건 의사들도 마찬가지다.

최근 내가 간호법 관련해서 글을 계속 쓰고 있는데 주변에서 이러니저러니 말들이 많다. 그 내용을 보면 대부분 간호에 대해 생각해본 적이 없는 게 느껴진다. 굳이 의사와 관련 없는 간호사의 독자적인 업무라는 것을 한 번도 생각해 본 적이 없고, 간호면허의 의미는 더더욱 생각해

본 적도 없는 것이다.

그 사람들만 그럴까? 아마 간호사들조차도 그럴 것이다.

간호업무는 의사, 한의사, 치과의사들의 의료행위 전반에 걸쳐서 포괄적으로 존재한다. 그러다 보니까 업무 내용도 내용이지만 의사, 한의사, 치과의사 각자 개별 내에서도 업무규정이 모호하다.

병원에서 환자의 낙상 사고는 간호업무 도중 흔히 발생하는 의료사고다. 의사들은 환자의 치료에 필요한 모든 것을 지도감독한다지만 그렇다고 낙상사고가 발생하면 의사에게 지도감독 책임을 물을까? 아니다. 그 책임은 온전히 간호사의 몫이다.

그럼 간호사들의 책임은 어디까지일까? 자꾸 따져서 들여다 보기 시작하면 애매모호한 것들이 한두 가지가 아니다. 업무 규정의 모호함은 곧 책임 소재의 불분명함을 낳기 때문에 결국 이 피해는 간호사도 간호사지만 최종적으로는 사고를 당한 환자에게 돌아간다.

PA(수술실 전담간호사)처럼 일상적으로 불법에 노출되어 있는 경우가 그런 사례다. 이런 이야기를 하는 이유는 "그게 다 불법이니까 시켜도 하지 마세요"라고 하려는 게 아니다. 의사가 부족해서든 약사가 부족해서든 아니면 인력 비용이 많이 들어서든 간에 어떤 이유에서든 법대로 할 수 있는 상황이 아니라면 그에 맞게 업무 범위와 내용을 규정해야 한다는 것이다.

물론 지금까지 시켜서 해왔다고 해도 모든 걸 다 받아들일 수도 없고 거부해야 할 업무도 있겠지만 분명한 건, 현실에 맞게 업무의 내용과 그에 따른 규정을 만들어야 한다는 것이다. 이건 일하는 모든 간호사를 위함이고 결국 환자를 위함이다.

내 짧은 소견으로 주제넘게 이야기하는 것일 수도 있지만 나는 의료계 내에서, 특히 간호업무를 담당하는 간호계 내에서 본격적으로 고민하고 방안을 찾아야 하는 게 지금 시점이라고 생각한다.

그래야 간호사가 이 사회에서 책임 있는 전문가로서, 또 의료인으로서 자리매김될 수 있을 것이라 믿기 때문이다.

(2022. 5. 30. 페이스북)

간호법이 병원의
간호 인력난을 심화시킨다고?

1. 간호법이 제정됐다고 간호사들의 일자리가 갑자기 늘어나는 게 아니다

간호법 제정으로 간호사 업무를 규정하자고 하는 것은 의료기관 밖인 지역사회에 새로운 일자리들을 갑자기 만들려고 하는 게 아니라 지역사회에 이미 있던 간호인력의 업무를 명확히 규정하려고 하는 것이다.

지역사회에서 이미 간호사들이 일하고 있는데 이건 여러 가지 법률에 근거하고 있다. 1956년의 지역보건법을 시작으로 모자모건법, 농어촌 등 보건의료를 위한 특별조치법, 노인복지법, 산업안전보건법, 장애인복지법, 영유아보육법, 유아교육법, 그리고 2007년에 제정된 노인장기요양보험법 등 엄청 많다. 이런 법률에는 모두(지역보건법만 제외하고) 의사 인력 배치기준은 없지만 간호 인력은 의무적으로 배치하도록 되어 있어서 이미 간호사들이 활동하고 있다.

문제는 의료법에 간호 관련 규정이 있어, 의료기관에만 적용되고 다른 법률에는 적용되지 않을 수 있다는 오해에 있다. 그래서 의료기관 중심인 의료법에 있는 간호 관련 규정을 간호법으로 독립시켜 의료기관뿐 아니라 지역사회 등 다른 법률에서 활동하고 있는 간호사들의 업무를 명확히 해야 한다는 것이다. 갑자기 일자리가 늘어나서 병원 인력의 누수 현상이 생길 거라는 건 가짜뉴스다.

2. 간호법은 질적 측면에 중점을 두고 숙련된 간호사를 확보하자는 법이다

정부는 2006년 1만여 명 수준의 간호대학 입학정원을 2021년 기준으로 무려 매년 2만 6천여 명까지 증원했다. 이렇게 많이 증원한 이유는 의료기관뿐 아니라 지역사회에서 간호서비스 요구가 증가되기도 했지만 의료기관들의 간호간병통합서비스 확대, 그리고 초고령사회 진입과 만성질환으로의 질병구조 변화에 따라 간호와 돌봄서비스의 요구가 더 늘어날 거라고 이미 예측했던 것이다. 그런데 현 상황은 지금보다 간호 인력을 더 늘려야 한다고 보고 있다.

이에 간호법은 단순히 양적 측면에 치우친 수급이 아닌, 질적 측면에서의 양성과 배치, 그리고 숙련 간호사 확보를 국가의 의무로 명시하고 있기에 오히려 간호 인력을 안정적으로 확보하는 법이다. 정말 문제인 것은 의사 인력도 늘리자는데 의사들이 떼거리로 반대하는 것이다.

3. 혹 의사들이 간호법으로 인한 간호 인력 수급을 걱정한다고?

"본인들이나 잘하세요."

정부가 필수의료 제공을 위해서 의사를 더 확보하겠다는 정책에 대해 의사들은 코로나19라는 재난적 의료위기 상황에서도 국민의 생명과 안전을 볼모로 진료거부와 휴업을 했던 것을 우리 국민은 앞으로도 잊지 않을 것이다.

이런 분들이 의료기관에서 간호사 유출을 이유로 간호법을 반대한다고? 이런 주장을 믿으라고?

우리나라 의사와 간호사는 사회적 필요에 비해 부족할 뿐 아니라 OECD 국가와 비교해서 볼 때도 부족하다. 특히 의사는 절대적으로 부족하기 때문에 필요한 만큼 양성해야 한다.

4. 간호법은 장기근속과 이직 방지를 위한 처우 개선을 국가 및 지방정부의 책무로 규정하고 있다

간호사가 의료기관에서 장기근속하지 못 하는 것은 우

수한 간호사 양성이나 24시간 교대 근무를 하는 병동에 간호사를 적정하게 배치하지 않았기 때문이다. 간호사 장기근속과 이직 방지를 위한 처우 개선은 간호사 임금이나 수당에 관한 문제가 아니다. 우수한 간호사를 양성하고 적정 배치하는 국가정책에 있다.

우리나라는 간호사의 이직률이 높다. 일도 힘들뿐더러 처우도 낮기 때문이다.

정말 의료기관의 간호사 이직과 유출이 염려되는가? 그렇다면 간호법을 반대하는 것이 아니라 적극적으로 찬성해야 한다.

(2022. 6. 2. 페이스북)

간호법이 간호조무사들의
일자리를 뺏는다고?

국민들을 호도하지 마라. 간호조무사들은 오히려 지금 보다 양질의 일자리가 늘어난다.

최근 간호법과 관련한 간호조무사협회의 행태를 보면 의료현장에서 최저 임금을 받으면서 살아가는 수많은 간호조무사들 생각에 화가 난다. 꼭 우리나라 정치를 보는 것 같아서 그렇다.

과거 오랜 기간, 지금과는 달리 간호협회가 병원협회의 2중대 노릇을 하며 지냈지만 그 회원들인 간호사들은 개별 병원노조를 통해서 사용자에게 임금과 노동조건 개선을 요구했었다. 하지만, 의협의 2중대 역할을 해왔다고 이야기되는 간호조무사협회는 그 회원들의 약 60%가 동네의원에서 일을 하는데 이분들은 노조가 있길 하냐, 아니면 노사협의체가 있길 하냐는 말이다.

조사한 바에 따르면 이들 10명 중 6명은 최저 임금에 시달리고 있다고 한다. 그런데도 이분들은 이번 간호법과 관련하여, 사용자에 대한 처우 개선 요구가 아니라 오히려 자신들을 그렇게 대우해 주는 의협과 손을 잡고 간호사와의 노노 갈등을 들고나왔다.

그런데 간호법에 대한 조무사협회의 반발 이유를 들여다 보면 이분들이 정말 뭘 제대로 알고 있기나 한 것인가 하는 생각을 지울 수가 없다.

간호법은 정말 이분들의 주장대로 조무사들의 일자리를 간호사가 빼앗는 법인가?

뺏긴다는 것은 기존에 하고 있던 걸 억지로 잃는다는 뜻이다.

현재 간호조무사들이 병원 외의 지역에서 하고 있는 일자리들은 무엇일까? 보통 유치원이나 장애인 시설, 노인복지 시설 같은 곳이다. 이조차도 관련법에는 간호사 또는 간호조무사를 쓰도록 해놓았지만, 결과적으로는 모두 상대적으로 임금이 싼 간호조무사가 자리를 차지했다. 규정의 불합리로 인해 일자리를 뺏긴 간호사가 오히려 항의를 해야 할 판이다.

일자리를 뺏긴다면 이렇게 기존에 하고 있던 일자리들을 말하는 것일 거다. 현재로서는 모자보건법, 영유아법, 아동복지법, 장애인복지법, 노인복지법 등등 관련법을 죄다 바꾸지 않는 한 일자리를 잃어버릴 염려가 없다.

오히려 주장과는 달리, 간호법으로 인해 간호조무사들은 새로운 일자리가 늘어난다. 방문간호 등 간호와 돌봄 확대는 간호사만이 아니라 간호조무사와 요양보호사의 일자리도 늘어나는 효과를 가져올 수밖에 없기 때문이다.

간호법은 간호사만이 아니라 간호조무사의 일자리도 새로 창출하는 효과를 발생하게 한다. 독자적으로는 진입을 할 수 없는 돌봄 영역에 간호사와 연동해서 진입하게 되는 것이다. 임금이나 노동조건의 개선도 간호사와의 연동으로 인해 조무사들에게는 훨씬 유리하게 작동하게 될 것이다.

간호조무사협회의 두 번째 반발 내용은 간호법이 통과되면 자신들이 간호사에 종속된다는 주장이다.

간호법은 간호가 병원 밖으로 나가 지역 돌봄을 수행하는 데 있어서 간호 인력을 중추로 세우는 것을 지향한다. 여기서 확립하고자 하는 간호사-간호조무사-요양보호사의 돌봄 전달체계는 전 국민 돌봄을 수행함에 있어서 필히 확립되어야 할 업무 전달체계이다. 이것을 조무사들이 주장하듯 간호사에 종속되는 것으로 받아들인다면 오히려 그 생각에 근본적인 문제가 있는 것이다.

간호조무사는 의료인이 아니다. 처음부터 간호사의 보조업무를 위해 의료현장에 투입된 인력이라는 것을 다시

한 번 상기해야 한다. 진료영역에선 간호사가 의사의 지시와 지도하에 업무를 수행하는 것처럼, 간호영역에선 간호조무사는 간호사의 지시와 지도 아래 업무를 수행한다.

예외적인 상황도 있다. 의료 취약지나 교도소, 학교에서는 간호사가 예외적으로 진료영역을 단독으로 수행한다. 유사하게 간호조무사도 의원급 의료기관에서 제한적이긴 하나 의사(치과의사, 한의사)의 지도하에 간호보조와 진료보조를 예외적으로 수행할 수 있는 것이다.

이걸 두고 간호조무사가 의사의 지도를 받는다고 주장하는 것은 간호사가 예외적으로 진료업무를 수행하니 의사라고 주장하는 것과 같은 어불성설이다.

지역에서 지금까지 간호사와 간호조무사의 구분이 명료하지 않았던 것은 간호업무가 병원 밖으로 본격적인 진출을 하지 않았기 때문이기도 하지만, 위에 언급한 것처럼 그마저도 관련법이 비상식적으로 만들어졌기 때문에 생긴 결과이다.

간호법은 간호를 병원 외의 지역으로 확장해서 대국민 돌봄 서비스를 시작하자고 하는 법이다. 이에 병원처럼 당연히 돌봄 전달체계를 확립해야 한다. 이를 거부하는 것은 어불성설이며 받아들이지 못 한다면 간호조무사는 다른 일자리를 찾는 게 현명할 것이다.

간호법을 간호사에 대한 간호조무사의 종속이라는 관점으로 보는 한 간호조무사협회는 병원에서도 지역에서도 자신들의 설 자리를 스스로 잃어버리는 결과를 낳게 될 것이다.

(2022. 5. 24. 페이스북)

의협아, 이제 엔간히 좀 허자. 간호면허가 의사면허 뒷면에 적혀 있는 부칙면허냐?

먼저 팩트 체크부터 하고 가자꾸나, 의협아.

일단 니들이 이야기하는 의료행위란 도대체 뭐니? 혹시 환자의 진단과 치료에 필요하다고 의사가 생각하는 모든 것이라고 생각하는 건 아녀?

의사가 의료행위에 대해서는 무한책임을 진다기에 묻는 말이여. 혹시 정말 그렇게 생각하기 때문에 무한책임을 지겠다고 하는 건 아닌가 하는 생각이 들었거든.

사실 그렇게 되면 간호사는 매우 땡큐베리마치지. 간호를 하다가 사고가 나도 의사의 지도감독 하에 벌어진 일이니까 최소한 같이 책임져 줄 거 아냐.

근데 법에는 의료행위 규정이 그렇게 안 되어 있더라구. 의료법 제12조에는 의료행위를 1)의료 2)간호 3)조산 이 세 가지로 나눴거든. 이미 알겠지만 의료행위는 의료인만 할 수 있는데 안타깝게도 간호사가 의료인이더라구. 그것도 의사와 똑같이 보건복지부 장관 면허증을 교부받은 간호와 건강증진 전문가래. 학교 다니면서 환자 돌보는 것만 배웠거든. 니들 의사면허 뒷면에 있는 부칙면허가 아니란 말이지.

그래서 진료는 의사가, 약은 약사가, 조산은 조산사가 해야 되고, 간호는 간호사라는 의료행위의 주체가 따로 있더라고. 이게 무슨 뜻이냐면, 간호업무를 하다가 사고가 나면 책임을 져야 할 주체라는 뜻이야. 그래서 네가 책임지고 싶은 마음은 알겠는데, 보니까 모든 의료행위에 대해 안타깝게도 무한책임을 질 수가 없더라고. 각각의 의료행위에 대해 각기 다 다른 책임주체가 있더란 말이지. 아니 무한책임을 지고 싶어 하지도 않던데. 수술실 간호사를 고발하는 걸 보면.

그러니까 의료법은 "오지랖 떨지 말고 너나 잘하세요"라는 말을 하는 거야. 하지만 그럼에도 불구하고 혹시 속으로는 '내가 지도감독 안 하면 너희들은 독자적으로 할 수 있는 게 아무것도 없을 걸' 하고 생각하는 건 아냐? 안 그럴 거라고 믿지만 다들 네 앞에서는 꼬리를 내리는 거 같아서 묻는 말이야. 간호사, 약사, 간호조무사, 임상병리사, 의료기사, 물리치료사, 작업치료사 등등 다들 그런 거 같더라구. 그 사람들도 니네들이 전부 다 지도 감독을 하나 봐? 모두 다 네 아랫사람들이야? 그니까 다 저렇게 니들에게 꼼짝 못 하는 거겠지?

좋아. 환자를 치료하는 게 급선무고 다 의료종사자니까 그 안에서 위계질서가 필요했겠지. 그런데 그렇다고 쳐도 저들 중에 간호사만 의료인이라, 니들 지도가 필요하지 않은 업무의 내용들이 정해져 있더라고. 약사는 약사법이 아예 따로 있지만, 광범위하게 걸쳐져 있는 간호는 업무규정이 좀 모호했어.

하지만 분명한 건 간호사는 독립면허이고 독자업무를 가진 책임주체라는 것이지. 의사의 진료에 대한 진료 보조업무 같은 거야 니들이 지도감독 하는 거지만, 그 이외에 건강증진 업무, 그리고 간호의 판단과 계획, 운영은 간호의 독자적인 업무야.

그런데 니들은 환자와 관계된 건 죄다 자기들 레이더 안에 있어야 한다고 이야기하더라고. 거의 왕이야. 경험이 없어도 의사면허만 따면 한마디 한마디가 다 법이더라고.

이렇게 병원과 의료가 의사 중심인 것은 의료법 자체가 의사 중심의 법이기 때문에 그런 거야. 의사, 한의사, 치과의사, 간호사, 조산사 등 의료인을 정했지만 넓게 걸쳐져 있는 간호사의 역할과 업무범위는 여전히 불분명한 게 많아. 업무범위가 불분명하다는 건 책임소재도 불분명하다는 이야기지.

예전에 내가 병원에 입원했을 때 정말 열 받는 게 많았어. 모든 병원에서는 간병인이 석션을 해. 난 아내가 해줬어. 간호사가 와서 기관지 절개한 내 목에 시범을 보이면서 한 이삼 분 이렇게 하라 저렇게 하라 가르쳐주더니 "아주머니 석션 하다가 문제 생기면 바로 부르세요" 하고 쓩 가더라고. 그래도 아내는 곧잘 했어. 기관지에 호스를 넣어서 가래를 빨아낼 때면 내 몸은 물에서 나온 물고기마냥 펄떡였지.

근데 나중에 알았어. 그게 의료행위라는 걸. 이놈 저놈 다 하고 개나 소나 다 하니까 그런 걸 잘 몰랐거든. 치료행위는 의사의 업무이고 의사는 간호사에게 지시를 내리고 권한을 위임하지. 간호사는 이걸 또 간병인에게 시키고, 간병인 고용도 못 한 환자는 노인네 석션을 노인네가 해.

근데 그러다가 사고가 나면 어떻게 되는 거야? 아침에 의사가 회진할 때 할머니가 할아버지 석션을 열심히 하고 있었는데 의사가 그걸 보더니 "할머니 그거 그렇게 하시면 안 돼요" 하면서, 말리는 게 아니고 오히려 시범을 보이더라고. 전국 병원이 다 이래. 이건 누가 책임인 거야? 니들은 간호사에게 위임한 것이라고 책임 안 질 거 아님?

그나저나 이런 문제는 수술실 문제를 보면 아무것도 아니더라고. 수술실 전담간호사가 오랜 기간 니네들이 시켜서 투약도 하고 수술 끝나면 봉합도 하고…. 그뿐인가. 어떤 경우에는 수술도 같이 해왔다는 건 이미 아는 사람은 다 알잖아.

우리나라는 수술실 간호사들이 파업하면 전국의 수술실은 다 문 닫아야 되는 건 알 거야. 수술할 의사가 부족하다는 이유로 의사 수 늘리는 건 반대하면서 싼값에 의사를 대신할 간호사를 니들이 키웠다는 건 알만한 사람은 다들 알거든.

하지만 이제 큰일이야. 수술실에 CCTV가 설치돼서 혹시 의료사고라도 나면 환자보호자는 즉시 녹화된 화면 돌려볼 테고 그렇게 되면 의사들이 수술하면서 간호사에게 시킨 것들이 다 뽀록날 텐데 큰일이지 싶다.

니들은 그렇다 치더라도 니가 시켜서 한 간호사는 무슨 죄냐? 의료법 위반으로 걸릴 텐데 너무 억울하지 않겠냐? 면허가 독립적이고 일이 나뉘어져 있으면 각각의 업무 내용을 분명히 해야 책임 소재도 분명해지는 거 아님? 의료사고가 났는데 만약 네가 '난 지시한 적 없다'고 나 몰라라 쌩까면 간호사는 꼼짝없이 당하는 거거든.

의사가 적다고? 그럼 수술실에 한해서 간호사 투입을

인정해 주고 합법화시키든가. 그것도 아니면 의사 수를 늘리라고 시위를 하시든가. 만약 너라면 시킨다고 다 하겠냐 말이여.

의료기관은 의사 중심으로 돌아간다고 치자. 하지만 의사가 없는 장기요양기관, 장애인시설에의 질병예방 및 관리, 건강증진, 돌봄은 너희들 중심으로 돌아갈 수가 없어. 그렇기 때문에 보건의료 체계와 제도가 의사 중심으로 돌아갈 수 없는 거야.

아내가 며칠 전에 동네 정형외과를 다녀왔어. 세 번째 간 그날은 환자가 좀 많았나봐. 의사 안 만나고 먼저 물리치료부터 받으라고 했대. 물리치료실에 가니까 물리치료사가 "어디가 아프신 거예요?" 하고 묻더니 거기에 찜질해주는 게 끝. 그런데 이런 물리치료도 니네가 말하는 고도의 의학적 판단이 필요한 거야?

의사가 절대적으로 부족해서 간호사들에게 의사업무를 전가하는 것도 부족해 뻔뻔스럽게 자신들이 전가한 업무를 수행하는 간호사를 고발하는 게 의사집단들이잖아. 그런데 어제 간호법을 다룬 CBS 토론 방송에서 의협 대표라는 자가 진료에 관한 한 의사가 무한책임을 진다는 헛소리를 듣다가 나도 모르게 흥분해서 한숨 자고 오늘 좀 진정시키고 쓰는 거야.

엔간하면 환자와 국민들 흥분 좀 안 하게 해줘라. 진짜 국민들은 니들 때문에 열 받아서 병난다. 말도 안 되는 헛소리 그만 좀 하고 이제 좀 같이 살자꾸나.

(2022. 5. 25. 페이스북)

간호법? 그 너덜너덜해진 법?

간호법이 이상하다고? 당근 이상하지. 복지위에서 네 번의 심사를 거치고 그 사이사이에 의협 등 이익단체들의 저항에다가 복지부까지 저항하는데 법이 그냥 온전할 리가 있냐? 완전 너덜너덜해졌지.

의협이 하도 쌍심지를 켜는 바람에 간호가 독립적인 영역임에도 불구하고, 이번 간호법도 여전히 행위에 대한 의사의 지도감독을 받도록 되어 있거든. 현재의 의료법하고 똑같아. 종속이라면 이런 게 종속이지.

그것뿐인가! 지역 돌봄에서도 애초에 생각했던 간호사-간호조무사-요양보호사로 이어지는 돌봄 전달체계도 요양보호사가 제외되면서 반쪽짜리가 됐지.

업무 내용과 범위는 그럼 분명해진 건가? 분명해지긴 개뿔! 수술실 간호사 문제도 해결 못 해서 이번에도 그 간호사들을 현장의 위험에서 구출하지 못 했어.

의사들? 간호법이 통과되도 먹고사는 데 아무런 지장

없지. 오히려 간호사들이 지역으로 나가서 지역 돌봄이 활성화되면 의료법에 묶여 의사의 지도 감독을 요청할 수밖에 없기에 결국 의사들의 지역 진출을 간호사들이 확대 강화시켜 줄 거야. 뭐 지금이야 돈도 안 되니까 저러고들 있지만 앞으로 돈이 된다 판단하면 간호법이 닦아놓은 길에 무임승차할 걸? 지난 글에서도 썼듯이 이건 간호조무사도 마찬가지일 거고.

그런데 이렇게 너덜너덜해져서 거지 같이 되어버린 법을 왜 찬성하냐고?

그래도 의미가 있거든. 실종신고 내고 그렇게 찾아다니다가 외딴 섬에 잡혀 있는 내 자식을 발견했는데 애가 팔다리 다 망가졌다고 해서 안 데리고 나올 건가?

아니, 간호를 언제까지 병원에 묶어둘겨? 하지만 의사도 복지부도 간호를 병원에서 못 나오게 묶어두고 싶어 하지. 복지부가 막판까지 법안에 명시된 '지역사회'라는 말을 빼버리려고 그렇게 안간힘을 썼던 이유야.

다행히 못 빼게 해서 그대로 유지됐어. 그것 때문에 간호가 팔다리는 다 망가졌을지언정 섬을 나올 수 있는 뱃길이 열리게 된 거야.

간호법은 간호사들의 처우나 근무환경 개선을 당장은

하지 못 해. 법에 명시된 대로 국가의 의무가 되는 간호정책을 수립할 때 반영하게 만들어야 해. 간호사 일인당 환자 수의 조정도 마찬가지지.

하지만 내가 중요하다고 보는 건 간호법이 제정되면 독자면허 소지자인 간호사가 이제 의사의 지시하에 수행했던 치료적 간호를 넘어서서 정말 간호다운 간호를 할 수 있는 길이 열린다는 거야.

그런데 더 중요한 것이 있어. 그 결과로 의사 중심으로 모든 판이 짜여진 의료법에 금이 간다는 거지. 내가 간호법을 지지하는 가장 중요한 이유야.

의사들의 아성은 의료법이야. 의협이 툭하면 국민 건강을 운운하지만 그 말을 액면 그대로 믿는 바보가 어딨겠어? 자기 밥그릇에 혹시 문제라도 생기는 일이라고 판단되면 누구든지 손에서 못 놓아줘. 그게 간호사든 조무사든 의료기사든 물리치료사든 누구든 간에 의사의 망에서 못 벗어나지. 그게 의료법이야.

이번 간호법으로 의사들이 잃을 게 아무것도 없음에도 불구하고 저렇게 쌍심지를 켜고 저항하는 건, 이걸 막지 못 하면 혹시라도 벌어질지도 모르는 일이 현실화될 것 같은 불안감 때문일 걸?

그런데 난 그런 불안감을 현실로 만들고 싶거든.

(2022. 5. 26. 페이스북)

이제 간호법 이야기 그만하라고?

집에서 보호자가 석션을 한다면, 식도관을 통해서 유동식을 주입한다면 간호사가 방문해서 보호자를 교육시켜야 해. 외상환자가 있는 집이면 욕창 걸리지 않게 관리하는 법을 알려 줘야 하고.

나처럼 면역력이 뚝 떨어진 골수이식 환자가 집에서 생활하면 집에 한 번이라도 방문해서 환경적으로 감염의 위험 요인이 있는지 의료인의 시각으로 살펴 봐야지. 바이털 체크도 해보고 상태가 안 좋다 싶으면 병원이나 의사와 연결해 주기도 하고. 집에 누워 있는 환자가 혈액검사 받으려고 구급차 불러서 갈 필요 없이 간호사가 와서 혈액검체 채취하고, 약도 가져다 주고 처방받은 주사도 놓고 말이야.

의사는 숫자도 부족하고 의료수가가 낮아서 못 하겠다고 하니 간호사라도 할 수 있게 법과 제도를 만들어서 길을 터줘야 하는 거 아니겠어? 이걸 간호조무사나 요양보호사에게 맡길 순 없잖아?

환자를 돌보는 데 어떻게 의료와 간호를 기계적으로 나눌 수 있겠냐만, 의사의 지도감독이 필요한 진료지원 차원에서의 간호부문을 제외한 간호사정, 간호진단, 간호중재에 의한 간호행위, 간호요구자에 대한 교육·상담, 건강증진활동의 기획 및 수행 등 간호의 독자적 영역은 존중되어야 한다는 것이지.

현재 의협이 이걸 존중하지 않으려고 하기 때문에 문제인 거여. 의사면허를 가지고 있다고 해서 의사는 의료의 모든 것을 다 할 수 있다고 생각지는 않나?

오랫동안 의사 중심의 의료문화에 훈련된 의사는 물론이고(아마 간호사도 마찬가지일 걸) 국민들마저도 암암리에 이렇게 생각하고 있잖아?

그러나 '의사는 모든 것을 할 수 있다'라는 생각은 정말 오만방자한 생각이여. 각각의 면허가 다르다는 것은 각각의 독자적인 업무가 있다는 것을 제도가 인정하는 것이고, 그 각각이 면허를 취득하기까지 받는 교육의 내용도 다 다르잖아. 그래서 간호면허를 취득해도 의사시험 응시 자격이 없는 것이고, 의사 역시 간호사 응시 자격이 없는 것이지. 서로의 내용을 배운 바가 없기 때문이여.

이걸 인정하지 않고 의사가 모든 직종을 다 거느려야 한다는 식의 사고를 하는 한, 이번 간호법 사태만이 아니라 추후 다른 직종의 저항도 끝없이 이어질 거여.

의사가 물리치료할 수 있어? 의사가 장애인 간호할 수 있어? 의사는 모두 다 작업치료 할 수 있냐고?

의학을 공부했다고 해서 의료와 환자의 모든 것을 알거나 할 수 있다고 생각하면 그건 정말 오산이고 자기중심적인 난감한 일이지. 게다가 그걸 지키기 위해 집단행동을 하면서 국민을 호도하고 말도 안 통하는 상태라면 우리는 어찌해야 할까? 서로 상식선에서 소통이 안 될 때는 대체 어찌해야 하는 걸까?

나 같은 놈에게 방법이 뭐가 있겠어? 답은 하나지.
뭐, 그냥 갖다 박는 거지.

(2022. 5. 28. 페이스북)

제 글을 보시는 간호사 분들에게

최근 제가 페북에 연이어서 간호법 관련하여 글을 쓰고 있습니다. 법 규정에 근거한 이야기들이라 딱딱하고 그다지 재미가 없는 내용들임에도 불구하고 페친이 아닌 여러 분들이 제 담벼락에 오셔서 글을 읽고, 좋아요를 눌러서 왔다 간 것을 표시하고 가십니다. 대부분 간호사 분들로 보입니다.

제 글을 읽어주시니 고마운 일입니다. 다만 아쉬운 것은, 페친이 아닌 분들은 댓글을 달 수 없도록 막아놓아서 더 다양한 의견들을 들을 수 없다는 것인데 지면을 빌어 죄송한 마음을 전합니다.

제가 이렇게 계속 글을 쓰는 이유는 간호법을 지지 찬성하는 것이 가장 큰 이유이겠으나 다른 한편으로는 이번 기회에 간호계 내에서도, 또 나아가서는 일반 시민들에게도 간호에 대해 생각할 거리와 관점들을 제시해서 이를 함께 고민해 보고자 하는 것이 주요한 목적입니다. 우리 사회는 그동안 간호업무에 대해 진지하게 고민해 본 적이

한 번도 없었거든요. 그건 여러분들도 마찬가지지 않을까 하는 생각을 합니다.

그렇기 때문에 여러분들의 일이 별다른 생각 없이 간병인과 환자 가족에게 떠넘겨졌고, 그래서 간호는 아무나 할 수 있는 일이 되어 버렸습니다. 여러분들 스스로가 자기 일을 저버린 것이죠.

사실 간호법을 간호협회가 추진하고는 있지만 이 간호법이 우리나라 사회에 어떤 의미가 있고, 또 어떤 영향을 미칠지에 대해서는 아마 법을 추진하는 협회조차도 제대로 정리하지 못 하고 있지 않을까 생각합니다.

이에 저의 간호법 글쓰기는 의료계에 던지는 간호에 대한 질문이자, 동시에 간호사 당사자들에게 던지는 질문이기도 합니다. 저의 간호에 대한 학습이 짧고 미천할뿐더러 현장의 이해 척도가 낮아 풍부한 내용을 담은 글쓰기가 되진 못 하지만 오랜 기간 보건의료운동에 몸담아 왔던, 그리고 수십 년 환자와 장애인으로 살아온 제가 습득한 의료의 관점으로 우리나라 간호에 대한 문제제기와 새로운 고민, 그리고 그에 걸맞은 관점들을 던져 보고자 하는 것입니다.

저는 사회운동판에서 싸우며 오랜 기간 살아왔던 놈이라 좌충우돌하며 모든 게 거칠 수 있습니다. 쓰는 글 역시 그래서 표현도 전투적이고 거칩니다.

하지만 그럼에도 불구하고 그간 제가 문제제기한 여러 주제들을 저의 글쓰기 수준과 관계없이 우리 사회가, 아니 적어도 당사자인 간호계에서 더 심도 있게, 그리고 더 적극적으로 고민해 주시길 부탁드리는 바입니다.

저도 간호사로서의 자긍심이 묻어나는 간호를 받고 싶거든요.

지난겨울에는 제 신장이 다 망가져서 지금은 일주일에 세 번 투석을 해야 하는 신장장애인이 되었습니다. 20년째 시각장애인이어서 글자는 컴퓨터도 잘 못 보고 카톡 정도만 볼 수 있습니다. 그 눈으로 이렇게 글쓰기하고 있습니다. 청각장애도 있어서 보청기 하고 있고요. 코와 목과 입은 자가면역 질환으로 10년째 궤양과 출혈을 달고 살고요. 20년 전에는 백혈병으로 골수이식도 했습니다.

이 정도면 제가 중증 환자이자 장애인인 거 맞죠?

그러다 보니 이제는 누군가의 돌봄이 없으면 생활이 점점 어려워지기 시작했습니다.

그래서 간호법은 나를 위한 법입니다. 필히 통과시켜서

다 망가진 법의 내용을 다시 채우고 발전시켜야 됩니다. 그래야 저도 추후 간호다운 간호를 받을 수 있을 것 아니겠습니까?

이것이 바로 돌봄이 필요한 한 장애인 환자의 절실한 바람입니다.

간호를 간호답게 만드는 일, 여러분 스스로가 만들어 가야 할 일입니다. 여러분들이 아니면 만들 사람이 없습니다.

간호법은 그 첫걸음입니다.

(2022. 6. 1. 페이스북)

간호계, 죽거나 혹은 살거나

지금까지 한국사회는 간호를 간호사의 임금과 근무조건 등 노동자로서의 간호사만 보아 왔다. 간호사들이 대부분 단위 병원 노조의 조합원이고 노조는 자연스럽게 간호사를 비롯한 조합원들의 노동 조건을 중심으로 움직일 수밖에 없었기 때문이다.

이러다보니 시민사회는 간호사들의 간호업무라는 것을 생각해 볼 틈도 기회도 없었다. 하긴 그걸 또 왜 시민사회가 생각할 거냐고 되물을 수도 있다. 그러나 이런 고민의 부재는 결국 간호법에 대한 몰이해를 낳았을뿐더러 보건의료운동에서 각 의료인 주체들 간의 힘의 지형변화라는 것은 더더욱 생각하지도 않는 주제가 되었다. 사회운동의 고민은 그저 의료 공급자와 이용자의 관계뿐이지 공급자 간의 지형변화가 의료이용자에게는 어떻게 영향을 미치는지는 아예 고려 대상도 아니었던 것이다.

최근 간호법은 나에게 이 두 가지를 생각하게 만들었다. 그러나 정작 법안을 낸 간호협회와 간호계가 자신들이 당사자들임에도 불구하고 제반 고민을 한 적이 없다는 것은 놀라운 일이다. 당사자들의 간호에 대한 가치와 철학의 부재가 오늘날 한국사회의 간호돌봄이 이 지경까지 오게 한 근본적인 원인이라고 봐야 한다.

간호법에는 간호사의 임금 인상이나 구체적인 처우 개선 등의 내용이 없다. 하지만 그동안 의사의 진료보조사에 불과했던 간호가 병원 밖으로 나와서 전문가로서의 지역 간호돌봄을 확립할 수 있는 계기가 될 것임은 분명하다.

이 과정에서 우려스러운 여러 가지 것들이 있다. 이 걱정의 대부분은 지금의 간호계 때문이다. 가치와 철학이라는 게 어디 이야기한다고 바로 만들고 세워지는 것이냐 말이다. 아예 의협처럼 딱 돈만 보고 정책과 기준을 세우지도 못 하는 이 바보 같은 간호계는 결국 간호 정책의 부재로 이놈 저놈에게 휘둘릴 가능성이 농후하다.

하지만 이걸 막아내고 힘을 받으면서 버티고 바로 설 수 있는 단 한 가지의 방법이 있긴 하다. 지금까지 간호계가 한 번도 해보지 않았던 일.

환자, 장애인, 노숙인, 노인 등등 돌봄이 필요한 주체들과 연대하는 것이다. 이게 아니면 지금처럼 그냥 그 모양으로 사는 것이다.

간호법? 이건 하나의 수단에 불과한 것이다. 이런 것과 관계없이 지금은 간호계가 스스로 자신을 개혁해야 할 시점이다.

죽든가 살든가 선택해야 할 때가 다가왔다.

(2022. 6. 19. 페이스북)

간호의 질을 높이려면
간호 인력의 처우를 개선해야 한다

간호 인력들의 노동조건과 환경은 곧바로 환자 돌봄 서비스의 질로 연결된다. 그러니, 거꾸로 간호의 질을 높이려면 당연히 간호 인력의 처우를 개선해야 한다.

하지만 현재 추진하는 간호법만으로는 간호사들의 처우를 개선하는 문제를 해결하기는 어렵다. 간호 인력을 고용하고 있는 의료기관 등을 규율하고 있는 법과 제도들을 손봐야 하기 때문이다. 최근 몇몇 시민단체가 추진하고 있는 간호 인력 인권법은 간호 인력 처우개선의 핵심인 인력기준을 담고 있다.

이 두 개의 법안은 지향점에 있어 결이 각각 다르다. 하지만 이 둘은 서로 다른 것이지 적대적인 것이 아닌데 가만히 듣다 보면 서로 잘못됐다고 하는 목소리가 여기저기 들린다.

그러나 서로 연대하지 않을 거면 지금은 각기 열나게 싸우는 게 필요하다. 법안은 백 개라도 낼 수 있다. 다만 이슈를 공론화하는 과정과 싸움이 더 중요하다.

이슈를 공론화하면 여러 가지 법안들의 내용을 하나의 법 틀 내에 담는 게 훨씬 더 용이해진다. 문제는 그렇게 이슈를 공론화하는 대중 투쟁을 하지 못 하는 게 문제다.

병원 노조의 주축은 간호사다. 노조가 조합원들의 처우를 개선하라는 요구는 당연하고도 정당한 것이다. 하지만 이 요구를 이슈로 공론화하려면 노조 스스로가 현재 병원 내 간호가 어떤 지경인지를 국민들 앞에 구체적으로 고백해야 한다. 그 과정에서 자기가 일하는 병원이 큰 타격을 입을 수도 있고 문을 닫을 수도 있을지 모르겠다.

그러나 그걸 두려워하는 한 이슈의 공론화도 쉽지 않고 노동운동이 시민과 환자와 연대하는 건 더 쉽지 않을 것이다.

(2022. 5. 20. 페이스북)

절대적으로 부족한 간호인력을 양성해야 한다
-간호사 취업률의 비밀

그동안 간호사의 취업률이 간호사 면허 소지자의 50% 안쪽에 불과하다는 것이 보건의료 분야에서 일하는 사람들의 일반적인 인식들이었다. 이와 함께 간호사들의 노동조건 문제가 항상 이 수치와 함께 이야기되는 주제였다.

하지만 건강보험공단에서 간호사 면허 소지자의 취업률을 분석한 결과는 내용이 약간 상이한가 보다. 일단 간호사 면허 소지자의 취업률이 지금까지 일반의 생각과는 달리 75%에 이른다는 사실이다.

왜 이렇게 무려 25%에 가까운 차이가 생겼을까?
내가 통계자료를 앞에 두고 쓰는 것이 아니라서 각각의 구체적인 숫자를 보여드리지는 못 하지만 내막은 이렇다.

일단 취업률이 50%를 밑도는 것은 맞다. 다만 그 수치는 병원 현장 취업률이라는 데에 인식의 맹점이 있다. 병원만 보면 50%가 맞는데, 자세히 살펴보니 나머지는 다른 곳에서 일하고 있다는 이야기다.

건강보험공단이나 건강보험심사평가원에도 간호사들이 굉장히 많고, 각 학교의 보건교사로 있는 간호사도 수천 명에 이른다. 최근에는 제약회사에도 많이 취업해 있다.

이렇게 다른 직장의 간호 면허 소지자를 다 합친 숫자가 75%라는 것이다. 이는 간호사들의 일자리가 전과는 달리 다양해졌다는 것을 의미하는 것이기도 하다.

하지만 여전히 병원 현장을 지키는 간호사는 턱없이 부족하다. 3교대를 하는 고된 노동과 저임금, 그리고 수직적 조직체계에서의 스트레스 등 이런 노동조건의 변화가 없이는 앞으로도 이 문제를 풀긴 어려울 것이다.

그러나 어떻든 절대적으로 부족한 간호 인력의 양성은 의사 인력 확충과 함께 고민해야 한다. 의사 인력만 늘린다고 병원이 돌아가는 게 아니기 때문이다.

당장 간호간병통합서비스도 간호 인력을 구하지 못 해서 하고 싶어도 하지 못 하는 것이 아닌가?

(2021. 3. 5. 페이스북)

거짓선동과 넘어야 할 벽들

내가 간호사-간호조무사-요양보호사의 지역 간호돌봄 전달체계를 확립해야 한다고 하니까 누군가가 요양보호사들을 자극해서 "요양보호사들이 간호사의 종속 직군으로 전락하게 된다"며 거짓선동을 한다.

지역 돌봄 업무 중에서 실제 의료 서비스적인 간호돌봄 수요는 전체 업무에서 15%도 안 될 것이다. OECD 평균이 10% 정도 된다.

간호돌봄 비율이 이 정도밖에 안 되는데 일반 생활돌봄의 대부분을 담당하는 요양보호사를 특정 직군의 업무에 종속시킨다고? 말도 안 되는 소리다.

돌봄과 간호는 일반적으로 같은 의미로도 해석되지만, 공공정책 측면에서 보면 간호보다 돌봄이 광의의 의미를 갖는다. 돌봄은 진료, 간호, 재활 등 의료영역뿐 아니라 사회복지와도 결합되어야 한다. 그렇기 때문에 요양보호사는 간호조무사와는 달리 간호사만의 보조인력이 아니다.

간호법에서 돌봄전문인력인 요양보호사는 간호사만의

보조인력 개념이 아니라 간호와 함께 돌봄서비스가 제공될 경우에 업무체계와 서비스 전달체계에 관한 것이다.

하지만 이걸 가지고 거짓 뉴스를 퍼뜨리고 있다. 운동한다고 하는 사람들 역시 답답하긴 마찬가지다. 잘 모르면서 계속 아는 것처럼 말을 퍼뜨리는 것은 결국 직역 간의 이간질을 증폭시킨다.

넘어야 할 벽이 한두 개가 아니다.

(2022. 6. 20. 페이스북)

막다른 길에 선 부모의 마음에 서라

자식이 장애인 부모를 돌보다가 죽이고 부모가 발달장애 자식을 죽였다. 돌봄이 막다른 길에 이르자 최후의 수단인 죽음을 택한 것이다. 수많은 사람이 삶의 절벽으로 걸어가서 한 명씩 한 명씩 죽어가는 것이다.

그간 우리 사회는 돌봄을 개인과 가족의 문제로 내버려 두었다. 이에 대가족이 분화되고 사회적 불평등이 심화되면서 이 돌봄의 문제는 날이 갈수록 악화되고 있는 상황이다. 게다가 초고령 사회로의 진입과 만성질환 중심으로의 질병구조 변화는 돌봄의 문제가 병원 내에서만이 아니라 지역사회 전체의 문제로 이미 확장되었다.

이런 시대 변화에 비해 우리 사회는 필수의료인 병원 내의 간병 문제조차 해결하지 못 하고 있는 실정이다.

하지만 이 사회가 돌봄의 문제를 해결해 나가는 건 그리 녹록한 문제만은 아니다. 사회적 비용의 문제만이 아니라 돌봄을 담당할 인력 등 넘고 해결해야 할 과제가 산적해 있기 때문이다.

이런 와중에 간호법이 국회 보건복지상임위를 통과하고 법사위와 본회의 의결만 앞두고 있다.

이 간호법을 의협 등의 이익단체에서는 '간호사법'이라고 호도하고 있다. 하지만 이 법은 사실 '간호법'이라고 부르기보다는, '간호돌봄 기본법'이라고 부르는 게 맞지 싶다. 의료기관을 포함한 사회 전체의 간호돌봄에 필요한 정책 수립에 대한 국가의 의무, 간호돌봄의 전달체계, 그리고 돌봄을 수행하는 각 직역의 명확한 업무 규정과 병원에 묶여 있던 간호사가 지역사회 돌봄을 수행하기 위한 법적 근거들을 담고 있기 때문이다.

이 법은 병원조차 가기 힘들어서 집에 누워 있는 환자들을 의료인인 간호사가 간호조무사, 요양보호사와 함께 돌봄을 수행할 수 있는 길을 열어 준다. 이는 현재 이용률이 0.2%에 불과한 가정간호나 65세 이상의 연령제한이 있는 노인장기요양보험의 방문간호의 벽을 넘어 전 국민의 돌봄서비스를 가능하게 하기 위한 법적 틀을 만드는 것이다.

지금은 지역사회에서 눈앞에 간호돌봄이 필요한 환자가 있어도 의료인인 간호사가 할 수 있는 것은 아무 것도 없다. 법과 제도가 이러니 국민들이 집에서 석션을 하거나 식도관을 통해 매일매일 유동식을 주입하다가 기도가 막히고 식도가 막혀서 폐렴이 걸리기도 하고 사망하기도 한다.

한마디로, 알아서 각자도생하는 것이다.

최근 '간호와 돌봄을 바꾸는 시민행동'을 만든 것은 더 이상 우리 문제가 풀려지기를 넋놓고 기다리지만은 않겠다는 의지의 표현이다. 단 17일 만에 참여인원이 만 명을 돌파했다.

시민행동은 며칠 전, 의료인 등 정원 위반 의료기관 실태조사와 의료법상 간호사 정원기준 개정에 관한 국회동의청원을 시작했다.

간호돌봄시민행동은 이 외에도 법적, 제도적인 문제들을 끄집어내고 법과 제도가 없다면 적극적으로 이를 만들어나가는 데 힘을 쏟을 것이다.

자식을 돌보다가 막다른 길에서 칼을 들 수밖에 없었던 그 부모의 심정에 우리가 서야 한다.

(2022. 7. 19. 서울신문 칼럼)

2부

돌봄 : 필수의료의 마지막 퍼즐을 맞추다

시민 2만 명 '탈법 병원' 고발 나선다

"환자·보호자만 벼랑 떠밀어"

-"정부는 방관, 전문가는 이해관계 우선"

"버젓이 의료법을 어기는 병원과 또 버젓이 이런 병원을 보고 있는 정부를 더 이상 가만히 봐주고만 있지 않겠다. 간병 살인, 간병 파산, 동반 자살… 돌봄의 막다른 길, 벼랑 끝에서 사람들이 몸을 던지려고 줄을 서 있다."(강주성 활동가)

지난 7월 6일 "앞으로 의료인 정원 기준을 위반한 병·의원을 고발해 나가겠다"는 한 시민단체의 선포가 나왔다. 시민 2만여 명이 가입한 '간호와 돌봄을 바꾸는 시민행동'(이하 시민행동)의 발표다.

같은 날 국회 동의 청원 게시판에 의료법 개정안 청원 글도 나란히 올렸다. 정부의 의료인 정원 위반 병·의원 실태조사를 의무화하는 의료법 개정안과 간호 인력을 실제 환자 수에 맞게 책정하고 또 이를 공개토록 하는 의료법 개정안 동의 청원이다. 현재까지 각각 5300여 명이 서명했다.

2주 전인 지난달 8월 27일 발족한 이 단체가 겨냥한 첫 목표는 간호 인력 확충이다. 의료적 돌봄의 질에 직결되는 기본 중의 기본임에도 한국 사회가 이조차 제대로 지키지 못 하고 있다는, 그래서 기본부터 다뤄 보자는 문제의식이다. 의사가 아니라 간호사인 이유는 진단이나 처치를 맡는 의사보다 의료적 돌봄을 책임지는 간호사가 이들에게 더 중요한 의료인이라서다.

"시민의 돌봄 기본권을 헌법에 넣겠다"는 목표를 가진 시민행동은 이번 직접행동은 첫 시작일 뿐, 사회 전체의 의료 돌봄의 질을 높이기 위해 각종 고소·고발 등 방법과 영역을 가리지 않고 싸워 나갈 예정이라고 밝혔다. 〈오마이뉴스〉는 이와 관련 시민행동을 주도하는 강주성 활동가를 9일 전화 인터뷰했다.

아래는 일문일답.

"간호돌봄을 헌법상 국민 기본권으로 규정해야"

- '간호와 돌봄을 바꾸는 시민행동'에 대해 간단히 소개를 해달라.

"지난 6월 10일 '간호다운 간호를 받기 위해, 인간다운 돌봄을 받기 위해'란 문구로 가입자를 모집했다. 불법에 대한 공익소송, 헌법소원, 캠페인, 서명운동, 청원, 집회 등 간호돌봄 제도개선을 위한 가능한 모든 활동을 전개하겠다고 밝혔다. 모집 16일 후인 26일 가입자가 1만 명을 넘어섰다. 그래서 27일 선언문과 10대 강령을 공개하고 출범했다. 국회의원, 간호사, 장애인 부모 등 다양한 시민들이 모였다. 가입자는 현재 2만 명을 넘었다."

- 왜 간호와 돌봄인가.

"시민행동이 말하는 돌봄은 의료적 돌봄을 뜻한다. 이는 삶과 죽음의 문제다. 사람으로 태어난 이상 모든 이가 언젠가는 겪는다. 질병, 사고, 노화, 장애, 누구도 간병에서 자유롭지 않다. 그러나 관련 인력과 제도를 국가가 책임지지 않는 상황에서 환자와 보호자만 벼랑으로 떠밀린다. 간호돌봄을 헌법상 국민 기본권으로 규정해야 한다고 말하는 이유다.

의료적 돌봄의 전문인력은 간호사다. 병원 안의 간호사도 중요하고 병원 밖 간호사는 더 중요하다. 집 밖을 나가기 힘든 아픈 사람들이 지역 곳곳, 집집마다 있다. 초고령화 사회는 코앞이고 질병구조는 만성질환 중심으로 변화했다. 간호 인력을 중심으로 한 공적 간호돌봄 전달체계를 마련하는 일이 시급하다."

　– 설립 계기가 있었나.

"최근 엉망으로 돌아간 간호법 제정 논의를 보면서다. 간호와 돌봄의 대상자인 시민이 배제된 채 대한의사협회 등 전문가 집단의 주장만 난무했을뿐더러, 전문가인지 의심될 만큼 허위사실과 가짜뉴스를 양산했다. 이들 주장은 시민과 환자 이익에 반한다. 간호를 치료 중심의 의료기관 안에 가둬야 한다는 것인데, 간호를 돌봄과 분절시키려는 의도와 행동은 당장 지역사회 곳곳의 중증 환자, 장애인, 만성질환자, 노인 등을 버리는 일이다. 좌시할 수 없었다."

　– 왜 단체 첫 번째 목표를 '의료인 정원 기준 위반 실태조사 법제화'로 삼았나?

"의료인 수는 환자 생명과 안전에 직접적인 영향을 미친다. 그래서 국가와 지자체가 의료법에 따라 의료인 정원을 철저히 관리해야 함에도 이들은 책임과 의무를 방기하고 있다. 심각성은 45명이 사망한 2018년 밀양세종병원 화재 사건만 봐도 알 수 있다. 법정 의료인 정원은 의사 6명, 간호사 35명이었으나 실제 근무한 의사는 3명, 간호사는 6명에 불과했다. 요양병원에 인력이 부족하면, 환자를 돌보는 게 아니라 수용한다. 환자 손발을 묶어버리기도 한다.

화재가 나면 도망 나오지 못 해 비극이 커진다. 이게 현실이다."

강 활동가는 국내 의료기관 10곳 중 3곳이 간호사 정원 기준을 위반하고 있다고 덧붙였다. 2021년 국회 보건복지위원회 국정감사 자료에 따르면, 2017년부터 2021년 4월까지 위반 건수를 집계한 결과 30~99병상을 갖춘 병원은 53.3%, 100개 이상 병상을 갖춘 종합병원은 11.6%가 간호사 정원을 위반했다. 평균 37.8%(7147건)다. 그러나 보건복지부의 행정처분은 2021년까지 7년 간 150건에 불과했다.

– 간호 인력 책정과 관련한 의료법 개정안 청원에 대해서도 설명해 달라.

"자신이 입원한 병원의 간호사 정원을 현재 환자들이 알고 있을까? 의료법상(보건복지부령) '연평균 1일 입원환자를 2.5명으로 나눈 수'로 규정하고 있는데, 해당 병원 정보담당자 외에는 알 수 없는 사항으로 조문이 구성돼 있다. 국민 알권리를 침해하고 법률 명확성 원칙에도 위배된다. 나아가 의료법상 정원 기준은 실제 수요와 잘 맞지 않는다.

이에 '실제 입원환자당 근무 간호사 수'로 개정하고 관

런 정보도 공개토록 해 국민 알권리를 보장하자는 것이
다."

"각종 불법행위 고발할 것… 전문가들은 개혁 못 해"

– 이 활동을 '대학교수나 의료인 등 전문가들에 맡기면 안 된다'는
발언도 했다.

"전문가들에게 넘기면 (문제를) 개혁할 수 없다. 어느 순
간 전문가들의, 그리고 전문가들 간의 현안이나 이해관계
가 우선이 된다. 실제 해결해야 할 근본적인 문제는 사라
진다. 보건·의료계뿐 아니라 어떤 영역이든 마찬가지다.
우리나라 의료계의 정책 결정 과정은 병원, 의사, 보건복
지부의 카르텔이라고 보는데, 복지부는 병원·의사에 절절
매는 듯하다. 지난 20년 간 환자 당사자 운동을 하면서 느
낀 결과다."

– 앞으로 어떤 일들을 해 나갈 계획인가?

"보건복지부가 방관하는 각종 의료계 불법행위를 고발
할 것이다. 간호사가 의사의 의료행위를 대신 하는 PA(진
료보조인력) 문제가 대표적이다. 의료계에 매우 만연한 불
법행위로 보건복지부가 모른다고 할 수 없는 문제다. 의
사 부족이 이유라면, 의사 육성엔 10년이 걸리니, 10년 동

안 의사 수를 대폭 확충하면서 제한적으로 PA를 합법화하는 등의 대안이 필요한데 의사는 의사 증원에 반대만 하고 보건복지부는 방관한다.

그리고 전 국민을 대상으로 한 장기요양보험제도 및 공적 간호돌봄 전달체계 구축이다. 현재 장기요양보험은 65세 이상 노인을 대상으로만 서비스가 제공되는데 사실 이 돌봄서비스는 전 국민이 대상이어야 하고 국가가 재정적 책임도 져야 한다. 현재 전체 의료기관 중 공공의료기관의 비중은 5%, 노인돌봄을 위한 국공립요양시설은 3%, 국공립재가시설은 1% 수준에 불과하다. 공적 인프라 확충을 요구한다."

– 또 다른 요구 조건들은?
"간호돌봄인력이 병원을 '탈출'해 국민 전체에, 지역사회에 뿌리내리는 것. 간호법 제정을 통해 기반을 만들고, 이를 다시 '간호와 돌봄에 관한 법률'로 변경해 간호조무사, 요양보호사 등 돌봄전문인력을 포함해 공적 간호돌봄 전달체계의 제도를 마련해야 한다.

또 처우개선 등을 통한 원활한 인력 수급과 적정배치다. 간호와 돌봄은 노동집약적 성격이 강한 부문임에도 노동 가치가 저평가되고, 살인적인 노동강도까지 더해져 기피 일자리로 전락했다. 정부가 나서서 우수한 간호돌봄 인력을 양성하고, 지역민들이 자기 지역에서 간호돌봄서비스를 받도록 적정 배치가 이뤄져야 한다. 장기근속을 통해 간호돌봄서비스 수준을 높이는 정책을 수립해야 한다."

– 마지막으로 할 말은?

"한국 의료체계 정책결정엔 의사, 병원, 보건복지부만 있고 환자가 없다. 간병 살인, 간병 자살, 간병 파산. 끊이지 않고 언론에 보도되는 이런 일들은 정말 더 이상 갈 데가 없는 이들의 얘기다. 막다른 벼랑 끝에서 죽고 마는 것이다. 그다음 떨어질 사람들이 계속 줄지어 서 있다. 그걸 막아야 한다."

(2022. 7. 9. 오마이뉴스 인터뷰. 정리 손가영 기자)

커뮤니티 케어?
간병 문제부터 먼저 풀어라

어머니가 넉 달 전 오른쪽 고관절이 부러진 이후 지난주 다시 왼쪽의 고관절이 부러졌다. 이미 약해진 한쪽 다리로 걷는 게 불안했었는데 넘어지면서 다시 사고가 난 것이다. 다치고 싶어서 다친 것도 아닌데 어머니가 전화 통화할 때마다 내게 미안함과 걱정을 토로하신다. 그러시지 말라고 계속 이야기하는데도 아픈 자식에게 누를 끼쳤다는 생각에 연신 마음이 걸리시는 게다. 그런 어머니를 생각하면 도리어 내가 죄송한데도 말이다.

지난번, 동네의 2차 병원에서 수술하고 한 달을 입원하니까 어머니 병원비가 350만 원 정도 나왔다. 그 병원에서는 다행히 간호간병통합서비스 병동에 계셨다.

거기서 다시 재활병원으로 모시니까 거기서는 한 달에 약 250만 원. 하지만 근골격계 환자가 재활병원 간호간병통합서비스 병동에 입원할 수 있는 입원 기간 규정이 한 달로 제한되어 있어서 일반 병동으로 가야 했는데 그리로 모시게 되면 개인 간병인을 고용해야 해서 다시 요양병원으로 모셨다. 가신 요양병원에서는 한 달에 약 150만 원, 총 8백만 원 가까이 들었다.

이제는 장기노인요양보험 등급을 받았으니 돌봄이 필요하면 요양원으로 모시면 비용은 좀 줄어들게 되었지만 그렇더라도 첫 번째 두 번째 경로는 다시 거쳐야 한다. 몇 달 사이에 두 번 고관절이 부러지면서 전체적으로 약 1500만 원 가량을 쓰게 된 것이다.

하지만 건강세상네트워크 활동 당시, 2006년 대만 전민보험 방문 이후 복지부와 협의해서 만들었던 '본인부담금 상한제'가 있어 다행이다. 조만간 어머니는 그 상한제에 걸려서 병원비용을 일부 환수받게 되니까 말이다.

정작 문제가 되는 것은 바로 의료비용으로 치지 않는 '간병비용'이다. 전에는 대부분 가족 간병을 했었기에 병원 치료비의 부담만 보였다. 요즘은 필수 치료에 대한 보장성이 점차 나아지는 반면 가족 간병이 힘들어져서, 그간 수면 아래에 있던 간병비용이 문제로 떠오른 것이다.

어머니처럼 근골격계 환자는 장기입원해야 하는 치매나 중풍 등 뇌질환이나 신경계 질환에 비하면 입원 기간이 짧아 상대적으로 나은 편임에도 상황은 그렇다.

최근 코로나19 상황에서는 간병인을 구하는 것조차 어려워졌다. 이는 감염 문제로 간병인이 간병 일 자체를 꺼리는 것과 함께 가족 간병이 제한되어 간병인에 대한 수요가 급격히 늘어난 것이 주요한 이유다.

이런 이유로, 간병 비용은 코로나19가 시작되기 이전의 상황보다 훨씬 더 상승했다. 개인 간병의 경우 하루에 보통 10~12만 원이고, 돌보기 어려운 중증 환자라면 15만 원도 줘야 한다. 한 달에 간병 비용만 300만 원~450만 원을 지출하게 되는 것이다. 그래도 간병인을 구하기 어렵다고 한다.

개인에게 지불해야 하는 상황이니 병원비처럼 카드로 결제할 수도 없다. 한두 달이면 적금이라도 깨서 주겠지만 여러 달이나 장기 환자의 경우는 결국 빚지는 거 외에 다른 방도가 없다.

왜 간병문제를 제도로 끌고 와야 하는가?

그 이유는 너무도 명백하다. 저소득층은 병원비보다 간병비용을 해결할 수가 없어서 병원에 안 간다. 아니 가고 싶어도 못 간다.

월급이라도 받아가며 근근이 살아가는 서민들은 더 나은가? 아니다. 가족 구성원 중 누구라도 병에 걸리면 월급만으로는 감당이 안 되니 빚을 지게 되고, 장기 치료를 해야 하는 상황이라면 패가망신의 길로 접어들게 되는 현실.

나 역시 간병비를 마련하기 위해 빚을 지면서도 이 활동을 해야 하는 이유다. 간병 문제를 제도화하지 못 하면 나도 살 수가 없기 때문이다.

이런 나라가 소위 커뮤니티 케어를 논의하고 있는 세계 10위의 경제 대국이란다.

미칠 노릇이다.

(2021. 5. 11. 페이스북)

간병서비스 제도화, 더는 늦출 수 없다

2021년 들어서 간병 문제를 제도로 끌어들이는 일에 주력하고 있다. 이를 위해 작년 말에는 '간병 문제 해결을 위한 시민연대'(약칭 간병시민연대)를 조직했다.

그간 내가 일했던 건강세상네트워크는 선택진료비 폐지와 식대 급여화, 그리고 병실 문제 및 암 등 주요 질환의 본인부담금 인하를 통한 건강보험 보장성 강화 및 장기노인요양보험의 입법화 등을 이루어내는 데 큰 공을 세운 바 있다.

하지만 단 한 가지, 간병 문제에 대해서만은 그동안 별다른 문제를 제기해 온 바가 없었다. 사실 간병 비용은 의료비 영역에도 끼지 못 하는 것이었기에 그렇기도 했지만 돌봄에 대한 문제의식도 그만큼 부재했기 때문이라고 생각된다.

하지만 이제 간병 문제는 가장 큰 의료 문제로 대두되었다. 중증 질환의 의료비용이 상대적으로 낮아지면서 그간 수면 아래 숨어 있던 빙산의 본체가 드러나기 시작한 것이다.

많은 사람이 간병비를 비급여라고 생각하고 있지만(환자가 모두 부담한다는 측면에서는 맞기도 하지만) 사실 간병비용은 비급여에도 끼지 못 하는 항목이다. 병원이 비급여 항목으로 넣어서 직접 받을 수도 없고, 환자가 비용을 지불해도 사적 계약인 간병인에게 직접 지불하기 때문에 연말정산에서 의료비로도 인정받지 못 한다. 그야말로 의료비가 아닌 의료비용인 셈이다.

그러다 보니 이 비용은 건강보험의 보장성 지수를 계산할 때에도 관련 항목으로 치지도 않았다. 또한 기존에 환자 간병을 가족이 해오던 문화에서 가족 간병이 힘든 시대 상황으로 변하고 이를 대체하기 위해 간병인을 고용하면서 비용과 질에 따른 간병 문제가 점점 커지고 있는 상황이다.

예전에는 많은 환자와 가족들이 의료비 때문에 가계가 파탄났다면 이제는 간병비 때문에 가계가 파탄나는 상황에 처한 것이다.

앞서 말한 것처럼 간병비는 최근 12만 원~15만 원 정도로 비용이 올라가 있다. 중증 환자일수록 간병 비용을 더 요구하기 때문이다. 상황이 이러니 한 달 입원하면 적게는

300만 원에서 많게는 450만 원을 지불해야 한다. 이에 병원비용까지 포함하면 그 액수는 가히 살인적으로 늘어난다.

그럼에도 불구하고 간병 서비스 질은 엉망이다. 많은 비용을 지불하고 있지만 질을 따지기도 민망한 낮은 서비스를 받는다. 이는 간병인 중 태반이 간병 교육을 제대로 받지 않은 고령의 노인들이기 때문이다. 이른바 노노간병(老老看病) ─즉 노인이 노인을 간병하는 상황이다.

이렇게 현재 상황은 비용과 질의 문제 모두를 놓치고 환자와 가족은 고통의 굴레에서 허덕이고 있다.

언제부터 의료에서 간호와 간병이 개념 분리되어서 쓰였는지는 모르겠지만 의료에서 '간병'이란 말은 우리 문화 속에서 만들어진 매우 사적인 관계 즉 환자와 가족 간의 관계에서 많이 쓰여졌다.

'간호'라는 말에 환자에 대한 돌봄의 의미가 모두 포함되어 있지만 어느 순간 간호와 간병이 분리되어 사용되면서 이 환자 돌봄에 대한 문제가 의료와 병원 밖의 역할이 되어버린 것 같아 매우 씁쓸하다.

이러다 보니 병원도 환자 돌봄에 대한 책임을 회피하고 있고, 일선 간호 인력 역시 이 돌봄을 자신들의 일이 아닌 가족이나 간병인의 일로 생각하고 있을 정도다. 한편으로서는 참으로 개탄스러운 일이 아닐 수 없다.

이렇게 왜곡돼 버린 간병 문제 때문에 환자와 가족의 현실은 말할 수 없이 참담해졌고, 간병인 또한 24시간 노동이라는 말도 안 되는 조건 속에 놓여서 모두가 불행해졌다. 이는 분명히 바뀌어야 한다.

정부도 이 문제를 해결해 보려고 간호간병통합서비스 제도를 시도했지만 어느 순간 정체되어 있다. 간호 인력이 부족한 현실을 제대로 간파하지 못 한 이유다. 이를 전국의 병상에서 시행하려면 전문 간호 인력의 충원이 필요한데 간호 인력이 이를 뒷받침하지 못 하기 때문이다.

이 와중에 간호간병통합서비스 병동은 애초 취지와 다르게 중증 환자가 아닌 환자 돌봄이 용이한 경증 환자를 위주로 선별해 받고 있어서 사실 간호간병통합서비스의 목적은 이미 상당 부분 변질되어 있다. 서비스를 시행하면서 병원에 돈만 더 주고 있는 꼴이 된 셈이다.

간병 문제를 해결하라는 것은 이런 복잡한 문제를 풀어내라는 환자와 국민의 요구다.

어떤 방식으로든 문제가 해결되려면 앞으로 많은 고민과 토론이 있어야겠지만 더 이상 한시라도 늦출 수 없는,

절박한 생존의 문제이기에 더 늦기 전에 해결하라고 요구하는 것이다.

어떤 사람이든 돌봄의 문제를 피해갈 수 없다. 누구나 죽기 전에 모두 한 번씩 맞닥뜨릴 문제이기 때문이다. 그렇다면 이것은 의료계든 정부든 회피하거나 등을 돌리면 안 된다.

간병 문제를 제도화하는 것은 인간이 인간의 모습으로 마지막까지 있을 수 있는 최소한의 장치다. 모두 함께 해 주시라.

(2021.4.5. 라포르시안)

간병 문제는 피할 수 없는 '청년 공약'이다

-월 400만 원의 간병비 강요, OECD 국가 중 한국이 유일

작년 말 그간 돌봐왔던 아버지를 죽게 한 간병 살인이 벌어진 이후 대선 후보들은 국가책임 돌봄이니 간병비의 건강보험화니 하고 관련 공약을 내놓았지만, 실제 공약의 내용은 상당히 허술하다. 이는 전문가나 정부나 모두 간병을 문제로 인식하지만, 그 사회적 해결방안에는 다 입을 다물고 있는 것과 맥을 같이 한다. 그 이유는 사안의 비용 규모가 크고 인력과 조건이 다른 의료기관의 문제 등 해결방법이 좀 복잡하기 때문이다.

그러나 간병 문제는 이제 우리 사회가 피할래야 피할 수 없는 문제가 되어 버렸다. 노노간병이나 청년간병, 그리고 간병 파산은 말할 것도 없고, 급기야는 간병 살인까지 벌어지니 말이다.

이런 나라가 세계경제대국 10위라니 정말 부끄러운 일이다. 환자가 사적으로 간병인을 고용해서 자기를 돌보게 하는 나라는 OECD 국가에서 우리나라가 유일하다. 제도

가 없는 현실은 한 달에 400만 원의 간병 비용을 환자와 가족에게 강요한다.

우리 사회는 이 문제를 어떻게 풀어나갈 수 있을까? 간병 문제 해결은 급성기 병원인 일반 병원과 만성기 병원인 요양병원의 해법이 다르게 만들어져야 한다.

첫째, 현재 시행 중인 간호간병통합서비스를 중증 환자가 많은 300병상 이상의 급성기 병원에 대해 전면시행 계획을 만들어야 한다. 이를 위해 간호간병통합서비스는 현재의 병동별 부분 계약 방식이 아닌 기관별 계약으로 전환해야 한다.

그렇지 않으면 서비스 병동 운영의 편법적인 인력 배치나 중증 환자보다 경증환자를 골라서 받는 기형적 운영을 막을 수가 없기 때문이다.

둘째 요양병원에 입원하는 환자에게도 노인요양보험의 등급판정을 적용하고, 등급에 해당하는 환자에 대해서는 간병비를 노인장기요양보험에서 지급해야 한다.

이는 우후죽순처럼 늘어나는 요양병원 난립과 비정상적 운영행태를 최소로 막아내는 장치다. 2007년 노인장기요양보험법 제정 당시부터 요양병원 간병비 지급에 관한 법에 근거가 있으니, 15년 넘게 시행하지 않은 노인장기요양보험법 제22조의 간병비 지급 규정을 작동시켜야 한다. 그뿐 아니라 앞으로는 노인장기요양보험도 '노인'을 떼고 전국민장기요양보험으로 확대 운영하는 것이 올바른 방향이다.

셋째 위의 사항을 전제로 간호·간병통합서비스의 요양병원 버전을 만들어야 한다.

이는 인력 배치와 운영 그리고 수가체계의 요양병원 버전이다.

넷째, 의료 영역으로 진입할 수 없는 요양보호사들을 추후 간병 인력으로 편입될 수 있도록 제도를 만들어야 한다.

요양보호사의 교육과정은 간병 부문을 모두 포괄하고 있어, 간병서비스의 질을 크게 높일 수 있다. 의료기관이 직접 고용하여 간병에 대한 책임 소재를 분명히 해야 한다.

그리고 오래 일을 할 수 있게 제발 간호 인력과 요양보호사의 처우를 개선해라! 누가 그 일을 그 돈 받고 하겠는가? 이런 면에서 간호업무 계통을 세우고 간호의 지평을 넓히는 간호법 제정은 시대가 요구하는 것이기도 하다.

 지금도 그렇지만 이 간병 문제는 결국 부모 세대를 돌봐야 할 청년 세대가 떠안을 수밖에 없는 문제이기에 간병 공약은 오히려 시급한 청년 공약이다. 청년이 간병을 위해 직장을 그만두고 미래를 저당 잡혀야 하는 이 말도 안 되는 상황에 정치권은 응답해야 할 시간이다.

(2022. 2.14. 프레시안)

간병 문제 해결이 탈모보다 더 먼저다

지난 연말부터 올해 초까지 신부전으로 병원에 38일간 입원해 있으면서 직접 보고 느꼈던 간병 문제는 정말 심각했다. 코로나19 때문에 외부 출입도 불허된 상태로 꼬박 38일을 같이 있으면서 함께 고생한 아내가 듣고 본 것까지 모아서 병원의 간병 실태를 들려드리고자 한다.

노노 간병

아내가 탕비실 정수기 꼭지에 물병을 대고 물을 받는데 옆에는 할머니 한 분이 쪼그리고 앉아 있다. 눈이 어둡고 정수기 사용법을 몰라 어쩔 줄 모르는 할머니를 보고는 아내가 대신 물을 받아주었다. 물 한 병을 다 받고는 "할머니, 다 받았어요" 하고 물병을 건네는데 이 할머니의 허리가 완전히 90도로 굽어 있다. 앞에서 할머니를 보니 적어도 85세는 넘어 보였고 90이 넘었다고 해도 믿을 모습이다.

그런데 차림을 보니 환자복이 아니라 일반 옷차림. 보호자가 아니면 입원병동에는 들어올 수 없으니 의료인이 아닌 이상 보호자이다. 보호자? 그렇다. 환자 간병을 하는 가족인 게다. 물병을 아내가 건네니 할머니는 연신 고맙다고 굽은 허리를 더 수그리신다.

"할머니, 누구 간병하러 오셨어요?" 하고 물으니 자기는 60이 다 된 당신 딸내미 간병 때문에 왔단다. 이 할머니가 간병을 받아도 시원찮을 것 같은데 거꾸로 간병을 한단다.

같은 병실의 한 할아버지는 82세인데 77세 할머니가 간병을 하고, 또 다른 할아버지는 80세인데 75세 할머니가 간병을 한다. 돌봄이 필요해 보이는 노인이 병원 간이침대에서 쪽잠을 자며 오히려 가족을 돌본다.

이런 기막힌 현실은 OECD 국가에서 우리나라가 유일하다. 필수의료를 이런 식으로 지탱하는 나라가 세계 경제대국이라니.

청년 간병

내 옆의 병상은 내가 입원해 있는 동안 3명의 환자가 왔다 갔는데 그중 두 명이 딸과 아들이 간병을 위해 와 있었다. 30대 초반인 딸은 며칠 직장에 휴가를 내서 왔다가 어머니와 교대를 했다. 아들 간병인은 일주일 이상을 계속 있었는데 직장이 있는지 없는지 무슨 일을 하는지는 모르겠다. 주변 사람들이야 부모 간병을 하는 것만으로도 젊은 사람이 대견하다고 하지만 개중에는 간병비 부담 때문일 수도 있다.

자식이며 며느리며 친척까지 돌아가며 간병을 했던 대가족시대는 이미 해체된 지 오래고. 핵가족도 지금은 개별 가족의 각자도생 시대로 접어들었다.

하지만 부모 자식 관계는 어찌할 수 없으니, 경제적으로 넉넉하지 않은 부모가 병이 나면 그 부담은 고스란히 자식인 후대의 몫으로 떠안길 수밖에 없다.

간병 때문에 직장을 구할 수도 없고, 있는 재산은 다 날려서 결국 신불자가 되고 젊은 청년이 파산하는 현실은, 작년에 오랜 기간 장애인 아버지를 돌보다가 아버지를 굶어 죽게 한 청년 강도영의 간병 살인으로 드러났다. 우리 자식들도 필히 맞닥뜨려야 할 현실이다.

미래를 저당 잡힌 청년 간병 문제를 해결하는 것은 그래서 우리 세대의 책무다.

고용 간병

같은 병실에 계셨던 할아버지는 나이 80세에 항암치료

와 투석을 같이 하던 환자였다. 간병인 소개 업체를 통해 구한 67세의 중국동포 간병인에게 하루에 12만 원을 줬다. 병원비 빼고 간병비만 한 달에 360만 원인데 아들이 낸다고 했다. 그 액수는 우리네 사람들의 일반적인 벌이로는 감당할 수 있는 수준이 아니다. 그리고 새로 들어온 환자 역시 업체를 통해 간병인을 고용했는데, 그 환자는 하루에 13만 원을 준다고 했다. 간병비만 400만 원이다.

긴 병에 효자 없다지만 오늘날의 긴 병이란 가족의 파산을 의미하기도 한다. 이 질곡에서 빠져나올 수 있는 유일한 길은, 오싹하게도 환자가 죽는 것이다.

위의 첫 번째 할아버지는 결국 돌아가셨다. 아버지가 돌아가신 후 아들은 어떤 심정이었을까? 그저 슬퍼했을까? 슬퍼하면서도 가슴을 쓸어내렸을까? 복잡한 현실이다.

환자·가족·간병인 모두에게 불행한 일

병실 앞 간호 데스크 한쪽에는 간병인 소개 업체의 광고물이 놓여 있다. 대여섯 개 업체의 연락처와 각 업체의 간병비용이 적혀 있다. 이전에 9만 원이나 10만 원 정도였던 간병비가 코로나19 유행이 시작된 뒤로는 보통 12만, 13만 원으로 올랐다. 국내 간병인의 80% 이상을 차지하는 중국동포 간병인들이 중국으로 많이 돌아갔는데, 다시 한국으로 오는 게 어려워져서이기도 하고, 병원이 감염 문제로 면회 등 가족의 출입을 통제하면서 수요는 늘었지만 공급이 줄면서 생긴 결과다.

간병인들은 24시간 환자 옆에 붙어 있다. 환자나 가족이 간병비로 지출하는 돈이 어마어마하겠지만 간병인들이 24시간 일하는 것을 근로기준법에 따라 8시간씩 자르면 평균 133만 원을 버는 꼴이다. 그래서 중국동포 간병인 아주머니는 "우리 아니면 한국 사람들은 이 일 못 해"라고 당당히 대놓고 말한다. 틀린 말이 아니다.

그러나 그 돈을 받고 일하는 그들은 행복할까? 중증 환자는 하루에도 열댓 번 똥오줌을 받아내야 하고 쪽잠을 자며 밥 먹을 장소나 빨래할 장소도 변변치 않아서 탕비실이나 공동 화장실을 사용하며 한도 끝도 없이 있어야 한다. 그 간병인들조차도 60세 이상 고령층이 대부분인데, 그들은 "이거 하다가 골병 다 들었다"고 말한다.

간병 서비스의 질이 떨어질 수밖에 없는 구조다. 어떤 병실의 간병인은 환자 할아버지가 밥을 잘 안 드시면 마구 혼을 낸다. 저녁때가 되면 몇몇 간병인들은 텔레비전

드라마를 보러 병실을 나간다. 종종 자신들이 받는 스트레스를 말도 잘 못 하는 노인네 환자에게 푼다. 이런 것을 보호자는 알 길이 없다. 하지만 열악한 환경에서 일하는 간병인 탓만 할 수는 없다.

돈은 돈대로 지불하면서도 환자와 가족, 간병인 모두가 불행한 것이다.

제도가 없이 온전히 환자와 가족들에게 그 짐을 떠안기고 우리들은 지금까지 오랜 세월을 이렇게 보냈다. 이제 제도를 만들고 이런 상황을 끝내야 할 때가 됐다. 전 국민에게 재난지원금으로 수십만 원씩 주고, 자영업자들에게 수백만 원도 주는 나라이지 않은가? 나라가 세금 걷어서 이런 곳에 안 쓰면 도대체 어디다 쓰겠다는 말인가?

간병 문제 해결은 이제 우리 사회가 피할 수 없다. 탈모도 중요하지만 국민 전체에게는 간병 문제 해결이 탈모보다 더 먼저고 더 중요하다.

(2022. 2. 7. 라포르시안)

"정치권은 간병 문제에 대해 응답하라!"

오늘은 그동안 간병시민연대가 주장해온 간병 문제 해결을 위한 정책적 입장을 정리해 보고자 한다. 선거 이후라도 이 문제의 사회적 해결을 바라면서 간병 문제의 제도화 정책 방향을 간략하게나마 정리해 본다.

1. 급성기 병원인 일반병원과 만성기 병원인 요양병원은 조건과 수가 운영체계, 그리고 인력 운용구조가 다르기 때문에 간병 문제를 해결함에 있어 똑같은 기준을 일괄적으로 적용할 수 없다. 각기 다른 방식으로 문제를 해결해야 한다.

2. 급성기 병원인 일반병원은 가장 먼저 300병상 이상의 병원에 대해서 간호간병통합서비스의 전면 확대 계획을 세우고, 이를 조속히 이행해야 한다. 이는 중증 환자가 몰려 있는 병원이 우선순위이고, 경증 또는 만성환자가 섞여 있는 지방 중소형 병원은 질 관리 기전을 따로 만들어야 한다.

3. 간호간병통합서비스 확대는 지금처럼 병동별 계약이 아니라 병원 기관 단위 계약 방식으로 바뀌어야 한다. 이렇게 계약 방식을 변경하지 않으면 현재와 같이 부분적으로 간호간병통합서비스 병동을 운영하면서 병원이 경증 환자를 골라 받는 왜곡된 행태나 일반병동의 간호사를 투입해서 편법적인 운영을 하는 것을 막아내기 힘들기 때문이다.

4. 현재 운영되고 있는 총 7등급의 간호등급제는 그 기준 전체가 의료법 위반 소지가 큰 제도이므로 폐지되어야 한다. 또한 입원료는 의학관리료 45%, 병실관리료 30%, 간호관리료 25%로 구성되어 있는데 그중 낮게 책정된 간호관리료는 비정상적으로 높은 의학관리료와 함께 조정되어야 한다.

5. 노인장기요양보험의 요양등급을 받고 요양병원에 입원한 환자에 대해서는 노인장기요양법 제26조의 간병비 지급 규정에 따라 간병비를 지원해야 하며, 이에 대한 시행령 등 관련 규정을 조속히 만들어야 한다. 법을 만들고도 15년을 시행령과 관련 규정이 없어서 법 이행을 하지 못 한다는 것은 말도 안 된다.

6. 이와 함께 요양병원 입원은 요양등급 판정을 받은 환자만 할 수 있도록 관련 규정을 손봐야 한다. 이건 65세 이하 환자도 마찬가지여야 한다. 이는 무분별하게 난립하는 요양병원과 사무장 병원으로 통칭하는 불법, 편법적인 운영행태를 제어하고 이용자의 도덕적 해이를 걸러내는 최소한의 장치이기도 하다.

7. 현재 노인장기요양보험법에 의해 복지 돌봄 부분에 묶여 있는 요양보호사들을 의료 영역으로 진출할 수 있도록 제도적으로 길을 열어줘야 한다. 그렇지 않으면 현재 약 10만 명 정도로 추산되는 간병인들을 대체할 인력을 충원할 수 없다. 제도화를 통해 8시간 노동을 하게 되면 사회적 인력 수요는 산술적으로만 3배인 30만 명이 될 텐데 이를 대체할 인력이 요양보호사밖에 없기 때문이다.

또한 이미 요양보호사 교육과정에는 환자, 노인, 장애인 등 약자 돌봄에 대한 교육이 있다. 병원 간병인 역할과는 80% 이상이 같고, 이미 훈련을 통해 현장경험을 한 그룹이라 초보자를 교육하는 것보다 빠를뿐더러 양질의 돌봄 서비스도 기대할 수 있다.

8. 간호 인력부터 요양보호사까지 충분한 보상 체계가 만들어져야 한다. 한마디로, 지금 받는 임금으로는 모두가 오래 일할 수가 없다. 노동자들의 노동조건은 서비스의 질과 바로 연결된다. 노동조건이 열악하면 돌봄의 질도 떨어질 수밖에 없다.

9. 최종적으로는 현재의 노인장기요양보험을 전 국민 장기요양보험으로 확대 운영해야 한다. 그래서 노인만이 아니라, 장애인과 환자까지 아우르는 전 국민 통합 돌봄 체계의 시작을 계획해야 한다.

이를 위해 현재 장애인복지법, 노인복지법, 건강보험 등에 편재된 환자 돌봄 예산을 장기요양보험과 통합하여 운영하고, 그래도 부족한 예산은 국가가 조세 지원과 건강보험 또는 요양보험료 인상을 통해서 마련해야 한다. 그래봐야 개인이 내는 돈은 민간보험이 판매하는 간병비 보험료의 반의반도 안 될 것이다.

간병 문제 해결은 수십만의 일자리를 만들어내는 사회적 효과와 더불어 초고령 사회를 맞아 돌봄의 짐을 떠안게 될 지금 청년 세대의 문제를 해결하는 길이다. 그리고 필수의료를 환자의 사적 계약 돌봄에 맡긴 왜곡된 한국

의료를 정상적으로 다시 만들어가는 일이다. 누구도 이 돌봄 문제에서 자유로울 수 없다.

이제는 누가 대통령이 되든 정치권이 기필코 해결해야 할 문제다.

(2022. 2. 24. 라포르시안)

병원의 모습을 한 환자 수용시설이
전국에 수두룩하다

　이번에 코로나19 집단감염이 발생한 부산의 해뜨락요양병원의 9인 병실 정도는 전국의 요양병원에서 그냥 평균적인 곳 중의 하나다. 10인실 이상 12인실, 14인실로 운영하는 곳도 수두룩하기 때문이다.

　그런데 4인실 이상의 병실은 사실 병실이 아니라 수용시설에 훨씬 더 가깝다.

　요양병원들이 이런 형태로 병실을 운영하는 이유는 적은 수의 간병인으로 많은 환자를 보려고 하기 때문이다.

　그렇다고 병원이 할 말이 없지는 않다. 간병인 비용을 병원이 받아서 직접적으로 이윤을 챙기는 것도 아니고, 간병인 한 명이 많은 환자를 담당하게 되면 환자 부담이 줄어드니 말이다.

　그러나 이유야 어떻든, 이는 간병 문제에 손을 놓고 오랫동안 방치해온 정부의 탓이 가장 크다.

지난주 페북에서 모인 '간병 문제 해결을 위한 시민연대 (가칭)'는 이런 상황을 우리 힘으로 해결해 나가자는 취지였다. 우리 부모와 나 역시 앞으로 수용시설 같은 요양병원에 들어가서 말도 안 되는 수준의 돌봄을 받아야 한다고 생각하면 끔찍하기만 하다.

우리 활동은 이런 곳을 수용 시설이 아닌 사람이 있는 병원으로 다시 만들어 내는 일이다.

(2020. 10. 18. 페이스북)

부모님 모시듯이 간병을 한다고?
그러니까 문제가 생기는 거다

코로나 상황이 시작되기 전인 올해 1월. 지방에 있는 한 요양병원에서 강연을 했다. 강연 전에 간병인 한 분과 면담을 했는데 내가 물었다.

"어떤 마음으로 환자를 돌보세요?"
"전 중국에 계신 우리 부모님 모시듯이 그런 마음과 방식으로 합니다."

이후 여러 곳에서 이 이야기를 간혹 한다. 병원이 환자를 이렇게 간병하면 안 된다고 말이다. 물론 간병인 분이야 부모님처럼 소중하게 모시겠다는 의미로 한 말이겠지만, 그건 일반적으로 우리가 부모님이 아팠을 때 부모님을 어떻게 모시는지 생각하면 바로 답이 나오기 때문이다.
간병은 보다 전문적인 일로 인식되어야 한다.

병원에 부모님이 암이나 다른 질병으로 입원하면 딸이

든 누구든 와서 간병을 한다. 어머니가 밥을 잘 못 드시면 먹어야 한다며 화도 내고 때로는 싸우기도 한다. 서로가 이미 감정적으로 이미 많이 나약해진 상태이므로 차분하고 냉정하게 간병을 할 수 없다.

안쓰러운 마음이 앞서기 때문에 운동이 꼭 필요한 환자라 하더라도 환자가 거절하고 화를 내면 강제로 운동시키기 어렵다. 또 몸을 잘 못 움직이는 환자의 경우 밤이나 새벽에 수시로 체위를 변경해 주어야 하지만, 부모님이 화를 내거나 아프다고 떼를 쓰면 어쩌지 못 한다. 또 다 그런 건 아니지만, 밥 먹다가 수저를 이불에 떨어뜨려도 집에서 하듯 그대로 사용하기도 한다.

그야말로 전문적으로 간병하지 못 한다는 얘기다. 바로 이렇게 모신다는 이야기 아닌가?

간병은 마음가짐만으로 할 수 있는 일이 아니라는 것을 알아야 한다.

병원은 질병에 걸린 환자의 상태에 맞는 더 전문적인 간호간병 서비스를 해야 하는 곳이다. 하지만 대부분의 간병인은 파견업체로부터 공급되고 이들은 업체로부터 간단한 교육만 받고 투입된다.

병원은 자기 직원이 아니니 별다른 교육을 하지 않는다. 오히려 환자 돌봄에 책임을 가져야 할 병원이 낙상 등 환자 사고가 났을 때 간병인은 우리 병원 소속이 아니니 사고의 책임을 병원에 묻지 않는다는 황당한 동의서까지 받는다.

이러니 환자 간병이 되겠느냐 말이다. 제도가 미비하여 이런 일이 발생하고 서로 불편한 관계에 있는 것은 이해하겠다만 아무리 그래도 이건 병원이 환자에 대한 기본적인 철학도 없다는 것 아닌가?

(2020. 10. 20. 페이스북)

간병비 보험?

낮에 텔레비전을 켜면 민간 영리보험사들의 간병비 보험 광고를 자주 보게 된다. 자본은 사람들의 가장 취약한 곳을 본능적으로 파고든다.

간병비용 관련한 단독 보험상품이 등장했다는 것은 이 문제가 사람들을 얼마나 고통받게 하는지를 말해 준다.

이 간병비 보험 광고를 보면 멘트도 우리 마음의 약한 고리를 흔든다.

"자식에게 짐을 줄 순 없잖아요?"

"내 가족의 일이 될지도 모릅니다"는 등 가입자의 책임감과 불안감을 이용해서 마음을 흔든다.

건강보험이든 요양보험이든 사회보험으로 이 문제를 해결하면 저 민영보험 간병비 보험료의 반의 반의 비용이면 문제가 해결될 것으로 보인다.

민영보험은 보험료를 못 내는 사각지대 같은 곳에는 눈길도 주지 않는다. 많이 받아서 적게 주려 하고 이윤을 챙

겨가야 하기 때문이다.

　간병과 같은 필수 공공의료가 이런 보험자본시장에 맡겨지면 왜 안 되는지는 너무도 명확하다. 실손보험처럼 보험자본에게 넘어가기 전에 하루빨리 관련 제도를 만들어야 한다.

(2022. 2. 21. 페이스북)

"난 그렇게는 못 해요."

어느 요양병원장이 간병시민연대 관련 기사를 보고 전화를 했다.

활동을 지지해서 전화를 했다는 건데 가만히 듣고 있자니 이 분은 한마디로, "간병인을 제도화하는데 간병시민연대가 힘 좀 써달라"는 소리다. 현재의 간병비용을 몽땅 건강보험 급여로 끌어들이고 간병인을 합법화하자는 소리다.

그래서 내가 물었다.

"선생님, 제가 어떤 일을 해왔던 사람인지는 아세요? 저는 어느 날 이 일을 하려고 툭 튀어 나온 사람이 아니에요. 그건 아세요?" 하고 물었더니 "기사를 봐서 알고 있습니다" 한다. 최근의 관련 기사 한두 개 정도를 읽은 것이다.

이야기하다가 뜬금없이 한 가지 질문을 던졌다.
"선생님, 하나 물어볼게요. 혹시 현재 일당 정액수가로 되어 있는 요양병원의 건강보험 수가를 행위별 수가제로 바꾸면 찬성하시겠어요?"

"......"

잠시 말이 없더니

"글쎄요." 한다.

"제가 말씀드리면, 요양병원은 그거 못 받아들입니다. 왜 그럴까요? 상당수의 환자에게 급여를 청구하기 위해서라도 뭔가 의료행위를 해야 하는데 의료적 처치를 할 만한 게 없는 환자가 제법 많기 때문에 그렇죠. 그래서 요양병원은 상당수의 환자가 병원이 아니라 원래는 요양원에 계셔야 할 분들이거든요."

상황이 이런데 요양병원의 간병인을 그대로 인정하고 보험적용해서 국민들 돈으로 그걸 다 때우라고?

죄송하지만 전 그렇게는 못 해요. 아니 그렇게는 안 합니다.

(2020. 1. 16. 페이스북)

간병 문제를 해결해 본다니까
전문가들이 내게 했던 말들

1. 그거 너무 마이너한 주제인데… 근데 그거 해봐야 되기는 될까요?

2. 간병을 다루시려면 차라리 커뮤니티 케어 전반에 대한 문제제기를 하는 게 맞지 않을까요?

3. 돈의 규모가 너무 커서, 싸움 한다고 그게 가능할까 모르겠습니다.

4. 요양병원의 기능 정립부터 먼저 이야기해야 하는 거 아닐까요?

모두 보건의료 분야에서 일하는 교수나 정책 전문가들의 말이다.

하지만 아마 그들은 간병 문제가 해결되는 과정에서 통합적인 커뮤니티 케어의 그림을 그리는 게 훨씬 더 용이해졌음을 알 것이고, 건강보험 보장성 판단 기준의 빠져 있던 한 조각이 맞춰졌음을 알게 될 것이며, 이런 문제제기로 인해 요양병원의 기능정립 문제와 간병보험과 같은 민간보험의 문제가 드러나고 종국적으로 건강보험의 지속가능성을 강화시키는 것으로 귀결되었음을 알게 될 것이다.

　나는 확신한다.
　운동은 전문가들의 분석에서부터 출발하는 것이 아니라, 환자와 국민들의 눈물이 흘러 고이는 곳에서부터 시작해야 한다는 대중운동의 명제로부터 출발하는 것이다.

(2021. 4. 19. 페이스북)

3부

보건의료 : 사람을 만나는 의료를 꿈꾸며

건정심 해체하고
가입자 중심 새 거버넌스를 구축하자

재작년, 보건복지부에 건강보험정책심의위원회(이하 건정심)의 최근 3년간의 회의자료와 회의록을 정보공개청구했다. 그랬더니 가타부타 답이 없이 시간만 질질 끌다가 준 자료가 고작 건정심 회의결과 요약분이었다.

그래서 다시 또박또박 '회.의.록'이라고 가르쳐 주고 재청구했더니 2주가 지나도록 여전히 '처리 중'이었고, 기다리고 기다리다가 몇 주가 지나서야 부분 부분을 요약한 회의 자료와 회의록을 받았다. 온전한 회의록과 회의 자료가 아니었던 것이다.

애초부터, 청구하면 주겠지 생각하고 청구한 건 아니다. 안 주면 정보공개청구 소송까지 할 작정이었는데 복지부는 시간을 최대로 끌다가 결국 준다는 게 그다지 쓸 데도 없는 요약본이었다.

하지만 건정심만 유독 이렇게 꽁꽁 싸매고 운영하는 게 아니다. 그때 건정심 회의록을 청구하면서 건강보험심사평가원에는 약제급여평가위원회 회의록을, 건강보험공단에는 재정운영위원회 회의록을 함께 청구했지만 모두 비공개로 거절당했다. 기관의 이름은 달라도 위원회를 운영하는 방식과 관점은 동일했던 것이다.

건정심은 보건의료 분야에서 가장 중요한 의사결정 위원회다. 건강보험 수가를 비롯해서 약가 및 보험급여 여부 등 무려 한 해 60조 원의 건강보험 재정의 사용을 최종 결정하는 곳이다.

하지만 이렇게 중요한 회의에서 누가 어떤 의견을 내서 안건이 결정됐는지 외부에서는 그 내용을 아는 사람이 거의 없다. 건정심이 생긴 지 20년이 다 되어가건만 회의 자료는 물론이고 회의록조차도 외부에 공개된 적이 없기 때문이다. 다시 말하면 건강보험료를 내는 국민들은 자신이 낸 돈이 누구에 의해서 어떻게 결정되는지도 모른다는 뜻이다.

이 건정심은 2000년 이후 '사회적 합의'라는 명분으로 만들어진 위원회다. 하지만 이후 의약분업에 대한 의사들의 저항이 거세지자 이를 달래기 위해 수 차례 보험수가를 인상했고, 그 여파로 보험재정에 문제가 생기자 정부는 건정심 구성을 새로 만들면서 이 위원회에 더 큰 권한을 위임했다.

이후, 정부는 공단의 재정운영위원회를 무력화시키고 건정심을 보험료율 조정과 급여 여부 결정 등 건보 재정의 핵심적인 사안을 결정하는 '슈퍼 울트라 파워'의 위원회로 재편시켰다. 위원회 구성도 공익 대표, 의료계 단체 대표, 가입자 단체 대표가 각 8인씩 들어가 있고 정부에서 복지부 차관이 위원장을 맡아 총 25인으로 재구성했다.

이것으로 인해 공단의 재정운영위원회는 허울뿐인 '껍데기'로 전락한 것이다.

대개의 경우 제반의 정부 위원회 구성은 언뜻 보면 상당히 균형 있는 것처럼 보이는, 건정심과 같은 형태이다. 가입자 : 공급자 : 공익 = 1/3 : 1/3 : 1/3의 구성이다. 좋게 보면 의료계와 가입자의 이해 충돌로 발생하는 문제를 공익 대표와 정부가 중간에서 적절히 중재하는 형식을 취하는 것처럼 보이고 더 나아가서는 중요한 문제를 사회 내 이해 당사자들이 모여 대타협을 하는 것처럼 보인다.

하지만 실제 내용을 뜯어보면 정부 권력이 이해관계가 다른 집단의 중간에 서서 사안에 맞게 그때그때 얼굴을 바꾸는 캐스팅 보트 역할을 즐기고 있는 것에 다름 아니다. 관료들이 정권의 성격과 사안에 따라 이리 붙었다가 저리 붙었다가를 반복하면서 정부 입맛에 맞게 운영한다는 이야기다.

그래서 이 위원회는 대부분의 결정이 정부 입맛대로 결론난다.

사회보험 체계를 운영하는 국가 중에 이런 방식으로 건강보험재정을 운영하는 사례는 찾아보기 어렵다. 가입자 권한을 축소하고 정부와 공급자가 비정상적으로 권한을 갖는 이런 구조는 한마디로, 매우 기형적이다.

엄밀히 이야기하면 보험수가는 보험자(건강보험)와 공급자단체(의료계)가 협상해야 할 문제다. 자기들이 내야 할 보험료도 제대로 안 내는 정부가 캐스팅 보트를 쥐고 흔들면서 사회적 협의를 운운할 것이 아니란 이야기다.

그렇게 하고 싶으면 건강보험을 조세 방식으로 전환하든지.

보건의료의 새로운 거버넌스를 구축해야 할 필요는 단지 건정심의 구성이나 운영 방식을 넘어서서 변화된 시대와 상황에 의해 의료 분야만이 아니라 사회 모든 분야에서 요구하는 것이다.

건정심과 건강보험공단의 재정운영위원회를 해체하고 가입자위원회를 강화해 건강보험이 가입자 중심의 체계

를 갖게 하자. 그래서 가입자 중심의 새로운 거버넌스를
구축하자.

(2019. 8. 23. 라포르시안)

인공혈관 사태,
시장논리에 휘둘리는 생명권

"만드는 데 돈이 얼마나 들었는데, 그런 가격에 팔라고 하면 떠나는 게 당연한 거 아냐?"

"나 같아도 안 팔겠다."

"이건 그동안 수수방관해 온 정부의 잘못이다."

"회사가 안 팔겠다고 하면 뭐 죽어도 할 수 없는 거 아닌가?"

이번 고어사의 인공혈관 사태를 두고 사람들이 하는 이야기다. 이미 자본주의 사회에서 태어나고 교육받고 자란 현실에서는 그리 이상한 생각도 아니지 싶다. 하긴 이윤과 돈을 위해 움직이는 자본주의 사회에서 누가 손해 보는 장사를 하겠는가 말이다.

하지만 나는 이번 사태를 보면서 가지게 된 일련의 우려에 대해 이야기하고자 한다. 아니 어떤 것은 우려를 넘어서 사실 좀 무섭기까지 했다.

어찌할 것인가, 이 인식의 시장화를

약은 생활용품이 아니다. 아무 때나 마트에 가서 살 수 있는 게 아니고, 또 내가 보고 싶으면 보고, 안 보고 싶으면 툭 꺼버릴 수 있는 텔레비전 같은 게 아니다.

어떤 약은 꾸준히 먹지 않으면 죽음에 이를 수도 있고, 어떤 약은 먹지 않으면 환자가 바로 죽을 수도 있다. 이런 약 외에도 치료재료도 있고, 의료기기도 있다. 모두 사람의 생명과 관련한 의료 제품들이다.

이번에 문제가 되었던 것은 치료재료인 인공혈관이다. 어린이 심장 수술에 쓰이는 이 치료재료를 고어사가 팔지 않겠다고 한국에서 회사를 철수했다. 그냥 철수한 것이 아니라 아예 제품에 대한 허가를 반납하고 철수를 해버렸다. 이미 2년 전의 일이다.

그리고 예상했던 대로 남아 있던 재료가 소진되자 심장 수술을 하지 못 하는 사태가 벌어지고 말았다. 결국 보건복지부와 식품의약품안전처가 부랴부랴 나서서 미국시장가격으로 가격을 인상하고 기타의 요구조건을 수용하는 선에서 다시 공급이 재개될 것이라고 알려졌다. 선천성 심장병 자녀들 둔 부모들로서는 정말 다행스러운 일이 아닐 수 없다.

이런 상황이 이번에만 있었던 특이한 일은 아니다. 가까이는 작년 리피오돌 사태도 있었고, 멀리는 2001년에 글리벡 사태도 있었다. 그 사이에도 푸제온 같은 에이즈 약이나 다른 질환에 쓰는 약도 공급이 중단되는 유사한 일을 겪었다.

그래서 사람들은 이미 모두 같은 생각을 하고 있는 것 같다. 경험상 앞으로도 이런 일이 계속 반복해 발생할 수도 있다고.

하지만 이런 사태를 해결하는 방안으로 뭐 특별한 게 있는 것 같지는 않다. 한마디로, 말하면, 돈을 더 주는 것 말고는 달리 해결할 방법이 없다는 것이다. 그래서 건강보험 의료수가를 인상해 협상을 끝내는 것으로 마무리해 온 게 대부분이다.

그러나 말이 협상이지 이미 환자들의 '급박한' 상황이 발생한 뒤에 벌이는 협상은 일방의 요구를 울며 겨자 먹기식으로 수용할 수밖에 없는 '100대 0'의 일방적 협상일 뿐이다. 어찌 보면 아픈 아이들을 둔 부모들에게는 그것조차도 감지덕지할는지 모른다. 아이들을 볼모로 잡아놓고 돈을 요구하면 대개의 부모들은 돈을 찍어서라도 주고 싶다. 내가 죽더라도 아이는 살려야 한다는 게 부모의 마음 아닌가 말이다.

사람들은 유괴범을 나쁘다고 하고 벌해야 한다고 이구동성으로 말을 하지만 이런 일에는 해당 제약사나 업체를 제재해야 한다는 말은 잘 하지 않는다. 물론 유괴범과 제약회사를 단순 비교하면 안 되지만, 아이들 목숨을 놓고 흥정하는 것만을 본다면 똑같다. 급기야 어떤 이는 돈이 안 남아서 업체가 약을 팔지 않으면 "애들이 죽어도 그건 할 수 없는 일 아니냐"는 말까지 할 때는 무섭기까지 하다.

이런 인식은 의료와 교육을 시장에 내어줄 때 사람들의 삶이 얼마나 황폐화되는지를 보여 준다.

의약품 접근권을 강화하기 위한 논의를 시작하자

사회의 가치와 철학을 세우는 것에는 정치와 교육이 가장 중요한 역할을 한다. 하지만 우리가 정말 나라다운 나라, 사람이 사는 세상을 만들려면 시장과 이윤이 지배하는 현실과 인식의 벽을 넘어서고자 하는 고민과 노력이 있어야 한다.

이런 면에서 제주의 영리병원 문제도 의료의 공공성을 확립하는 데 있어서 중요하지만, 우리 머릿속에서 끊임없이 공공성을 저해하고 변질시키는 시장주의적 사상에 칼을 대야 하는 것 역시 중요한 일이다.

허구한 날 100대 0의 협상이 아니라, 적어도 협상이라면 50대 50 수준 정도까지는 가능할 수 있도록 사회 시스템을 만들어야 하지 않겠는가?

희귀필수의약품 관리체계의 재구축, 의약품 공공성 확보를 위한 컨트롤 타워 구축, 공공제약사 설립, 국가 공공의료 R&D 센터 설립, 그리고 강제실시까지, 그 방안이 무엇이 됐든 의약품 접근권을 높이는 게 의료의 공공성을 높이는 것이라면 이 또한 제주 영리병원만큼 중요한 문제로 고민해야 한다.

누누이 말하지만 제발 사회적 논의와 연구를 좀 해달라. 적어도 지금의 상황을 파악하고 논의와 실천을 할 수 있는 기본 조직이라도 만들자.

수십 년 동안 같은 일이 자꾸 반복되는데 우리는 도대체 뭘 하고 있는 건가.

(2019. 3. 18. 라포르시안)

새 헌법에 담을 '건강권', 이게 최선인가

이번에 정부가 전문을 공개한 헌법개정안 제35조 5항은 환영만 하기에는 좀 실망스러운 수준이다. 이 개정안에 대한 그간의 진행 과정상의 문제, 그리고 시민참여와 공론화 과정과 관련한 문제제기는 차치하더라도 내용적인 면에서 정부는 여전히 건강에 대한 시각과 함께 그에 대한 실천 의지도 매우 의심스럽게 보이기 때문이다.

정부가 발표한 개헌안 전문 중 35조 5항의 내용은 다음과 같다.

> 제35조 ⑤ 모든 국민은 건강하게 살 권리를 가진다. 국가는 질병을 예방하고 보건의료 제도를 개선하기 위하여 노력해야 하며, 이에 필요한 사항은 법률로 정한다.

전에 다른 글에서 이야기했듯이, 보건의료운동은 건강권운동으로 그 지평을 확장해야 한다. 건강의 문제가 단지 보건의료에 국한된 것이 아니라 여러 사회적 요인이 그것을 결정한다고 할 때 보건의료의 틀 속에서 운동하는 것은 건강의 문제를 너무 작은 틀에서 보는 것이기 때문이다. 또한 건강과 질병의 문제를 개인적 차원에서 설명하고 해석하는 것은 이미 사회적 시효가 끝났음을 뜻하기도 한다.

사람들은 배우지 않아도 개인과 집단의 사회적 불평등이 건강의 형평성을 파괴하는 주범이라고 다들 몸으로 알기 시작했다. 이에 부응하여 사회 변화는 영역과 시각을 확장해야 한다.

건강권을 무엇이냐고 물어서 답을 해보면 헌법개정안에 나와 있듯이 '건강할 권리'로 말할 수 있다. 그간 우리 사회가 건강의 문제를 인권의 하나로 인식하지 못 했다는 것을 상기하면 매우 긍정적인 일보전진이라고 평가할 수 있다.

하지만 이미 우리 정부도 비준한 바 있는 2004년 유엔 사회권 위원회의규약은 건강권을 적절한 수준으로 '건강해질 권리(Right to be healthy)'가 아니라 '도달 가능한 최고 수준의 신체적, 정신적 건강을 실현하기 위해 필요한 시설, 재화, 서비스 및 환경을 향유할 권리'로 이해해야 한다고 이야기한다.

그렇다면 '도달 가능한 최고 수준'은 어떤 상태를 의미하는 걸까? 그것은 필요한 시설, 재화, 서비스를 넘어서 한 사회가 건강권의 실현을 위해 끊임없이 노력하는 것을 지향하는 것이기도 하다.

숱한 고난을 겪고 30여 년 만에 만들어지는 개헌안이 첫술에 배부르랴만, 이번에 정부가 발표한 개헌안 중 35조 5항은 일정부분 함량미달의 아쉬움이 남는다.

건강할 권리는 위에 말했듯이 질병을 예방하고 보건의료제도를 개선한다고 해서 완성되는 건 아니다. 개헌안은 국가의 역할을 여전히 의료 서비스와 제도의 개선이라는 고전적인 의미에서 한정하고 있으며, 아울러 그 대상을 '사람'이 아닌 '국민'으로 한정해 의료서비스에 대한 인권 차원의 온전한 보장 의지를 결여하고 있다.

많은 사람이 '다른 권리를 강화하면 그게 그거 아니냐?'라고 반문할지도 모른다. 하지만 정부는 이번 헌법 개정안에 건강할 권리를 건강권으로 분명히 적시하고, 건강권을 지키기 위해 보건의료제도 개선만이 아니라 건강형평성을 이루기 위한 국가의 책임과 의무를 천명했어야 한다고 생각한다.

헌법은 조항 하나 하나마다, 사용하고 뜻하는 단어 하나조차도 매우 중요하다. 그런 면에서 아직 정부는 더 확장된 차원에서의 건강권을 생각하고 있지는 않은 것 같다.

더군다나 개헌안에 보이는 것처럼 '노력해야 한다'라는 것은 그간의 여러 법률에도 보아왔듯이 그런 조항의 법규정이 '해도 그만 안 해도 그만'인 경우가 허다했기 때문에 또 그런 행태를 보일까 심히 우려된다.

　아직 사회가 발전하는 단계라 이해한다고 하더라도 앞으로 더 나아가기 위해서는 환영 일색의 분위기에서라도 이야기할 건 해야겠다는 생각이다.

　개헌안을 보노라면 문재인 정부가 건강보험 보장률을 70%로 제시한 것이 자꾸 생각난다. 건강을 권리로 천명한 것을 빼면 그 내용과 의지가 너무 부족하다.

(2018. 3. 27. 라포르시안)

기승전'수가'가 아니라
관료와 의료전문가들이 문제다

이대목동병원에서 아기들이 죽었다. 그것도 1시간 반 남짓한 시간에 4명이 한꺼번에 사망했다. 질병관리본부가 사망한 아기들의 혈액에서 발견한 시트로박터 푸룬디 균의 염기서열이 모두 일치한다고 발표한 것을 보면 병원 내 감염이 거의 분명한 것으로 보인다.

이에 언론이 병원의 감염관리 실태나 사고 후의 행태에 많은 질타를 하지만 또 한편에서는 낮은 수가와 그에 따른 병원의 손해를 이야기하는 목소리도 만만치 않다.

하지만 이런 주장은 이번 일만은 아니다. 최근에 발생한 북한병사의 치료와 관련한 외상센터 이야기가 나올 때도 낮은 수가와 그에 따른 인력 부족, 그리고 손해를 감수하고도 운영하는 병원의 고충 등, 판에 박은 듯한 주장은 매번 반복된다. 이뿐이랴! 메르스 사태가 났을 때도 결국 낮은 수가와 인력 문제였고, 지지난 주의 '문재인 케어'에 반대한다는 대한의사협회 비상대책위원회의 주장도 의정협의체를 만들면서 결국 기승전'돈(수가)'으로 귀결되는 분위기다.

문제가 발생하면 하나같이 공급자들에게 돈을 퍼주는 것으로 끝나는 게 공식처럼 되어 있다. 그래서 외상센터를 지원해줬고, 감염관리 잘하라고 또 돈을 퍼주었으며 수가도 틈틈이 올려왔다. 혹여 이번 이대목동병원 사건도 같은 방식으로 끝나지나 않을까 염려된다.

하지만 여전히 외상센터는 작동조차 힘겨워 보이고 감염관리는 이번에 문제가 터지기 전부터 병원 내 감염에 대한 불신이 팽배해 있었다. 이대목동병원 신생아 사망 사건은 가장 문제가 심각하게 누적되었던 곳에서 터진 하나의 예고편에 불과하다.

왜 문제들이 풀리지 않고 계속 누적되어 가기만 하는 걸까? 나는 이런 원인을 끊임없이 제공하는 곳이 바로 관료와 공급자들이라고 본다.

이대목동병원은 이번 감염 사망사고 말고도 이미 수 차례 사고가 있었던 병원이다. 2013년 말부터 2014년 초에는 좌우가 뒤바뀐 X레이 영상으로 500여 명의 환자를 진료하다가 문제가 되자 환자들에게는 알리지도 않은 채 직원에게 시말서를 쓰게 하는 것으로 마무리 지으려고 시도했었다.

작년 7월에는 신생아 중환자실의 간호사가 결핵확진 판정을 받아 질병관리본부에서 역학조사를 했는데 아기들과 성인을 합쳐서 모두 7명의 감염자가 확인되었다. 하지만 병원은 이때도 아기들에 대한 결핵검사를 갑자기 중단해 환자를 은폐하려 한다는 의혹까지 불거졌다.

게다가 몇 달 전에는 아기에게 투여한 수액세트에서 날벌레가 발견돼 보호자가 이를 신고하는 등, 문제를 계속 야기시켜온 병원이다. 이번 사건의 경우도 예외는 아니다.

신이 아닌 이상 사고는 어디서든 일어날 수 있다. 그러나 문제는 이에 대처하는 관점과 자세, 그리고 시스템에 있다. 일반 국민들은 잘 모르겠지만 이대목동병원은 2014년도 의료기관평가인증에서 감염관리 부분 우수등급으로 평가받은 병원이다. 이건 무슨 의미인가. 한마디로, 의료기관평가라는 제도가 전혀 현실적이지도 않은 평가기준과 방법으로 시행되고 있다는 것을 반증하는 것이다.

이런 부적절함에 계속 눈을 감고 지내온 사람들이 바로 해당 관료들이다. 이 관료들은 정권이 바뀌어도 그 자리를 끝까지 유지하고 있다. 정권의 성격에 따라 권력이 바뀔

때마다 말을 바꾸면서 철학 없이 권력만 유지해온 이들은 문제가 터지면 공급자들과 오랜 관계를 해온 경험으로 적당한 언론 플레이와 함께 적당한 방식으로 사회적 합의를 해서 일을 마무리한다. 일이 터질 때마다 만들어지는 소위 '의정협의체'라는 것이 바로 그런 것들이다.

요즘 세상에서 대화 없이 문제를 해결하는 것이 바람직하지 않다고는 모두 생각한다. 하지만 그 대화의 방식이 문제를 야기한 사람이나 집단, 그리고 조직에 대한 별다른 법적 처리 없이 협의체를 구성해서 공급자들의 요구만을 수용해서 끝내는 방식은 옳지 않다. 그런 방식이 결국 일을 이 지경으로 오게 만든 오래된 이유이자 원인이다.

이미 시스템은 감염관리를 하는 방법에 대해 원칙과 기준을 정해 놓고 있다. 환자가 발생하면 병원 감염관리위원회에 통보하게 되어 있고 병원은 이 분야의 책임자와 인력을 두고 감염관리실을 운영하라고 되어 있다. 중요한 감염 문제가 발생하면 이를 즉시 보건소에 신고하라고 되어 있기도 하다.

하지만 신고는 환자나 보호자가 하고, 이번처럼 거꾸로 보건소가 감염사실을 병원에 전화해서 확인하기도 한다. 제도 자체도 허술한 데다가 시스템 자체가 잘 작동하지 않는 것이다.

또한 이런 상황은 전문가들이 전문가로서의 사회적 역할과 책임을 다하지 못 한 것에도 중요한 이유가 있다. 이 정도 상황이 되면 전문가들이 이대목동병원 폐쇄를 요구해야 한다고 생각한다. 감염학회가 나서고 의협도 나서야 한다. 이번에 그렇게 추운데도 대한문 앞에 모였던 의협 비상대책위도 나서야 한다.

전문가인 의사들의 비상상황은 수가의 문제가 아니라 전문가로서의 사회적 위상이 무너지는 것이다. 하지만 전문가인 의사들은 예나 지금이나 아예 입을 닫고 있거나 오로지 낮은 '수가'만을 이야기하면서 문제의 본질을 흐리고 호도한다. 이제 의료기관들의 적자타령은 신물이 날 지경이다.

외상센터가 하도 적자라서 운영 자체가 어렵다고 아우성을 치길래 그럼 어디서 얼마큼 적자가 나는지 보자고 회계자료를 달라고 해도 아무도 자료를 내놓지 않는다. 그냥 손해보고 있으니 돈 달라는 식이다. 이런 식으로는 지금도, 앞으로도 답이 안 나온다.

철학 없는 관료와 전문가가 결국 일을 이렇게 만들었다. 이미 알고 있겠지만 중환자실의 감염관리는 이번 이대목동병원보다 더 심각하다.

일이 터지기 전에 시스템을 바로 세워라. 의료기관평가 인증도 기준과 방법을 전면 재검토하고 새로 만들어라. 신생아실 외에도 중환자실을 포함한 병원 전체의 감염관리 실태를 전면 조사하여 대책을 수립하고 제도를 보완해야 한다.

그리고 기준과 원칙대로 시행하고 징계해라. 이렇게 시스템을 개선하고 그 과정에서 관료와 전문가 모두가 사회적 역할을 다해야만 당신들도 살고 국민도 산다.

(2017. 7. 21. 라포르시안)

보건의료 빅데이터센터를 만들자고?
당신들을 못 믿겠다!

지난달 보건복지부가 마련한 보건의료 분야 빅데이터 관련 간담회에 두 번을 다녀왔다.

우리나라의 보건의료 정보는 각 기관별로 분산되어 관리되고 있다. 정보가 가장 많은 곳이 당연히 건강보험공단일 것이고 그다음으로 건강보험심사평가원이다. 이외에도 질병관리본부나 보건산업진흥원 등 여러 정부기관에도 각종 보건의료 정보가 존재한다. 매일매일 국민들이 이용하는 국립암센터나 다수의 국립대병원 등과 같은 많은 의료기관에 국민들의 의료정보가 어마어마하게 저장되어 있는 것은 굳이 말하지 않아도 다 아는 사실일 것이다.

우리나라처럼 각종의 의료정보가 매우 세세히 반듯하게 정리되어 있는 나라도 그리 많지 않다. 세계적 수준의 빅데이터인 것이다. 전 국민 주민등록번호 체계에다 출중한 정보전산통신기술까지 얹혔으니 아마 가히 세계 최고라고 해도 틀리지 않을 것이다.

하지만 이런 세계 최고 수준의 정보 환경에도 불구하고 우리나라의 보건의료 정보는 그 수준만큼의 활용을 못 하고 있는 것이 현실이다.

올해 1월 OECD 보건장관회의에서도 보건의료의 빅데이터 활용문제가 주요 어젠다로 등장한 것처럼 여러 국가들이 보건의료 질 향상이나 보건의료 시스템의 효율성을 높이기 위해 보건의료 빅데이터를 활용할 각종 전략을 짜고 있는 중이다.

흐름이 이러다 보니 그간 정부도 2년간 추진전략 수립을 위한 각종 연구를 한 후 올해 3월 관계 부처와 공공기관의 연구자가 참여하는, 무려 130여 명의 보건의료 빅데이터 추진단을 구성해 운영해 왔다.

하지만 그 내용을 더 뜯어보면 관련 학과의 대학 교수뿐만 아니라 보건의료 사업을 하는 민간기업까지 망라되어 운영해 온 것을 알 수 있다. 복지부는 빅데이터의 활용이 전 국민 건강 문제와 국가 의료정책 수립의 효율성을 높이기 위한 공공 목적의 데이터 사용을 강조하고 있지만, 그동안 복지부의 보건산업정책과에서 이 일을 담당한 것처럼, 빅데이터 활용에 대한 가장 강한 요구는 정부보다 오히려 보건의료 사업을 하는 민간기업에 있는 것처럼 보인다.

여러 타 분야의 정보에 비해 보건의료 정보는 단연 민감한 정보 분야다. 개인의 의료 정보는 너무도 민감하고 중요한 정보라 자칫 관리를 소홀히 할 경우 개인과 사회에 끼치는 부작용이 실로 엄청나다. 이렇기 때문에 모든 나라가 의료정보 관리를 매우 까다롭게 하고 있는 것이다.

우리나라 역시 개인정보보호법 등 관련한 각종 법으로 이에 대한 보호와 관리 규정을 엄격하게 하고 있다. 하지만 이런 규제 속에서도 개인정보를 비식별화하여 가공 생산한 것을 재식별화 작업을 통해 다시 개인정보가 유출되거나 정보를 보호해야 할 기관이 오히려 개인정보를 사고파는 등등 그간 여러 문제가 계속 발생되어 왔다.

날이 갈수록 데이터의 양은 훨씬 빠른 속도로 쌓이고 의료가 발달할수록 데이터를 분석하고 평가할 시기와 조건이 점점 더 짧아지고 복잡하게 되어 간다. 이에 정부는 작심하고 이를 밀어붙일 모양이다. 이 사업의 핵심은 각 기관과 병원 등 의료기관에 흩어져 있는 각종 보건의료 정보를 오가게 할 정보 플랫폼을 만들고 이를 관리할 주체로 소위 '보건의료 빅데이터 정보센터'를 만들어 운영한다는 것이다.

하지만 문제는 그 필요는 인정하면서도 관리의 문제에 있어서는 여전히 신뢰가 바닥이라는 것이다. 게다가 박근혜 정부하에서 보건산업 자본의 강력한 필요와 요구에 의해 만들어진 게 아닌가 하는 강한 의구심을 떨쳐버릴 수 없는 것은, 관련한 정부 보고서의 모든 문건에 '보건산업의 신성장동력으로서의 빅데이터 활용'이라는 표현이 곳곳에 있기 때문이다.

어쨌든, 공공의료 영역에서 국민과 환자를 위해 빅데이터를 활용할 필요성은 분명히 있지 않은가? 하지만 이미 언급한 대로 "문제는 당신들을 못 믿겠다는 거야"라는 것을 불식시켜 줘야 한다.

그간 만들어온 모든 정보를 공개하고 기존의 추진단을 해산한 후 공공성에 걸맞는 새로운 거버넌스를 구축하는 게 먼저다. 정부가 그간의 정보공개를 안 하는데 가당찮게 누구의 정보를 가져가겠다는 건가.

(2017. 10. 20. 라포르시안)

백혈병 환자들 불안감 씻도록
식약처가 분명한 입장 밝혀야

친구들과 술을 한 잔 하고 와서 새벽 2시까지 글을 썼다. 노바티스의 글리벡 급여정지를 주장했다가 졸지에 다른 곳도 아닌 내가 만든 백혈병 환우회에게 반인권적이고 비과학적인 사람으로 찍혀 버렸기 때문이다.

박근혜처럼, '환자들에게 이런 소리 들으려고 이제까지 환자권리운동을 해왔나' 하는 생각에 자괴감마저 들기도 하지만 세상이 그러려니 한다. 아무튼 백혈병환우회가 어떤 생각으로 글리벡의 급여정지를 반대하는지에 대해서는 어제(20일) 기자회견의 내용을 보고 충분히 이해했다.

하지만 나는 아래의 매우 상식적인 사항들에 대해 나름의 이해가 되지 않으면 여전히 환우회의 주장을 수긍하기가 어렵다는 것을 밝히고자 한다.

1. 글리벡은 여전히 베타 제형에 대해 특허가 유지되기 때문에 미국에 현재 출시되어 있는 글리벡 제네릭도 모두 알파형이다.

그러나 미국 FDA는 이 두 제형의 약물에 대해 동일 성분 동일 효과의 약임을 인정하고 있다. 오리지널과 제네릭은 서로 다른 약이라고 주장하는 환우회와 달리 미국 식품의약국(FDA)은 왜 동일성분 동일효과의 약이라고 했는지 그 과학적 근거를 살펴 봐야 한다.

그렇지 않고 부작용이 있었던 특정 환자의 사례로 그것을 모두 설명하려고 해서는 안 된다. 그건 혹시라도 제네릭을 복용하다가 더 좋다는 오리지널 약으로 바꿔 복용했는데 부작용이 나타났다고 해서 제네릭이 오리지널 약보다 더 훌륭한 약이라고 할 이유가 되지 않는 것과 마찬가지이다.

2. 이에 대해 두 번째로 공식적인 확인을 해야 할 곳이 있다. 바로 이런 논란의 와중에도 입을 꾹 닫고 있는 식품의약품안전처이다.

자기들이 허가해 주고 보증해 준 약에 대한 논란이 있으면 당연히 답을 하고 환자들을 안심시켜야 하는 게 그 조직의 역할이기 때문이다. 환우회가 주장하는 것처럼 오리지널과 제네릭이 다른 약이라면 어떻게 이성질체가 허가를 받았는지를 밝혀야 하는 것이고, 그렇지 않다면 오리지널 약과 제네릭이 동등한 이유와 여러 제네릭 역시 그 개별 약제의 성분과 효과에 차이가 없음을 확인해 줘야 한다.

서울성모병원 혈액내과 김동욱 교수가 주장하는, 2~3% 약효 차가 중요하다는 주장에 대해서도 혈중농도의 그 정도 차이를 생동성에서 왜 인정하는지에 대한 입장을 내야 한다. 식약처가 이번 일을 계기로 생동성에 대한 명확한 입장을 내는 것이 중요할 뿐만 아니라 그게 국민과 환자에 대한 불안감을 잠재우고 신뢰를 높이는 일이 될 것이다. 만약 제네릭 생동성 시험 규정을 그대로 둘 거라고 가정하고 환우회의 주장이 맞다면 지금 개발된 항암제를 포함한 모든 신약은 특허권을 천년만년 인정해 주는 게 맞다고 본다. 일은 다 저질러놓고 뒤에 숨어서 입도 뻥끗 안 하는 식약처의 입장을 확인해야 한다.

3. 또 하나는 보통 이런 류의 사안이 발생하면 들고나오는 것이 각종 논문이나 통계자료이다.

실제 이것은 어떤 사안의 진실에 접근하기 위해 매우 중요한 요소들이다. 그러나 지난해 어느 회사의 화상치료제 관련 문제제기 건에서도 있었듯이 누구에 의해서 작성된 것인지, 그 자료는 임상자료인지 단순 보고서인지 또는 각기 다른 여러 논문들 중의 하나인지 등의 자료의 성격, 그리고 수치를 내오기까지의 작성 방법론 등등이 확인되어야 한다.

문제의 화상치료제처럼 약이라고 부르기에도 의심스러운 약도 세계 화상전문지(BURNS)에 논문이 실리고 이를 내세워 보험급여 허가에도 성공했지만 정작 알고 보니 해당 제약사가 연구비를 지원하여 작성된 정황이 곳곳에서 드러나고 어이없게도 수치도 틀린 채로 게재된 이상한 논문이었기 때문이다.

그래서 2016년 12월에 미국혈액학회(ASH 2016)에서 발표된 인도산 글리벡 복제약인 '비낫' 관련 논문이 어떤 성격의 어떤 위치와 수준의 논문인지를 먼저 검토해 봐야 한다. 그리고 논문 전체 맥락에서 부작용 내용을 언급한 것이 어느 수준의 의미인지도 다시 봐야 한다.

환우회는 전문가 집단이 아니다. 전문성을 확보할 수 있어도 그것은 매우 지난한 과정을 거쳐야 한다. 그래서 보통 환우회는 예전에도 이야기했듯이 주변에 둘러싸여 있는 전문가 집단(의사, 제약회사, 약사 등등)이 건네주는 자료나 각종의 내용으로부터 자유롭기가 매우 어렵다. 자료에 나와 있는 내용과 수치의 의미나 진위여부를 해당 전문가의 수준에서 판단하기가 어렵기 때문이다.

이는 환자들을 무시하는 것과는 다른 이야기다. 각기 다른 그 집단의 성격과 역할을 이야기하는 것이다.

아무튼 최근의 이런 상황에서 환우회가 현재 글리벡을 복용하고 있는 환자의 입장에서 많은 고민을 했다는 것을 충분히 알고 있다. 그럼에도 불구하고 나는 여전히 환자 당사자들이 이야기하는 부작용의 개인적 경험치가 이 사안을 설명하는 전체라고 보지 않는다.

환자들은 자기 질병, 자기 상황을 중심으로 모든 것을 판단하게 된다. 그게 환자이기 때문이다. 환우회가 이야기하고 있는 것이 맞는 것인지는 더 판단을 구해야 한다. 환자가 이야기하는 것이 항상 참일 수도 없고, 환자의 처지나 상태가 항상 모든 것을 정당화해서는 안 되기 때문이다.

만약 위의 것들이 다 이해되고 설명된다면 환우회의 이야기처럼 물론 비낫에 한정된 것이기는 하지만, 나는 오히려 오리지널 약보다 부작용이 무려 14배에 달하는 제네릭을 복용하지 말 것을 환자들에게 알리는 활동을 하겠다. 그리고 그외의 제네릭 의약품에 대해서도 이제와는 다른 시선과 입장으로 다가가겠다.

환우회의 주장이 참이라면 나는 그렇게 해야 한다고 본다. 또한 지금처럼 불법 리베이트 영업을 한 제약사로 인해 환자들이 피해를 보지 않게 하려면 관련 법제도를 개선할 필요가 있다.

나도 여전히 환자다. 골수이식으로 몸도 많이 망가졌다. 여전히 원인도 모르는 입, 코, 목, 눈의 염증이 반복되는 증상으로 근 4년째 고생 중이기도 하다.

나는 글리벡 약가인하 싸움을 시작부터 마지막까지 근 3년을 하고 백혈병환우회를 창립하였다.

그런 내가 환우회로부터 반환자 인권적이고 비과학적인 것을 주장하는 단체의 수장으로 낙인찍히니 나 개인으로서는 참담한 일이 아닐 수 없다. '세상이 그런 건가' 하고 생각도 해보지만 그러기에는 병 걸린 몸으로 아무것도 남은 것 없는 내 삶이 너무 초라하다.

(2017. 4. 21. 라포르시안)

건강보험료 20조 쌓여도,
보장성 그대로인 이유?

-실손보험, 한국 의료의 재앙

"실손보험 드셨어요?"

소위 오십견이 걸려서 팔을 '앞으로 나란히' 이상의 각
도로 올리기 힘들어졌을 때 누워서 자는 것도 힘들어서
결국 동네의 마취통증학과를 찾았다. 그러나 가보니 인터
넷에 올라 있는 정보와는 달리 그 의원은 재활의학과였다.
나도 재활의학과 진료는 처음이고, 또 동네에서 재활의학
과 전문의가 개업을 하면 보통 어떤 내용으로 어떻게 먹
고살고 있는지 궁금해져서 일단 들어갔다.

초진인 내게 환자정보를 적는 종이를 건넨 직원이 대뜸
묻는다.
"실손보험 있으세요?"
"아니, 없는데요."
이걸 내게 묻는 순간 내가 든 생각.

'나는 돈이 안 되는 환자인가 보구나.'

진료실에서 만난 젊고 앳되기까지 한 의사는 요새 동네 병원에서는 이렇게 친절하지 않으면 안 되나 보다 하는 생각까지 들게 할 정도로 웃음 띤 얼굴에 나긋한 말투로 환자인 나를 설득해 간다. 여기저기 몸도 만져주고 눌러준다. 그래도 결론은 마찬가지다. 오십견이란다.

치료는 약물 치료와 충격파 그리고 요새 유행하는 도수 치료 등 3가지가 있는데 자신이 권하는 것은 도수치료란다. 가격은 한 번에 15만 원인데 한 열 번은 해야 한다고 말하면서 가격이나 다른 것은 밖의 상담실장과 상의해 보시란다.

'오, 이게 말로만 듣던 도수치료구나' 생각하며 밖으로 나와서 그 상담실장이라는 분을 만났다. 상담실장은 자기가 원장님께 잘 말씀드려서 도수치료 가격을 1회에 10만 원으로 이야기해서 해드리겠다고 한다. 오, 갑자기 총 금액이 50만 원이나 떨어졌다.

하지만 난 이미 알고 있다. 여기 주변의 다른 의원은 한 번에 8만 원, 그리고 버스 타고 조금 나가면 한 번에 5만 원도 있다는 사실을.

실손보험 환자는 아마 한 번에 10만 원 하는 도수치료를 했을지도 모른다. 본인이 부담해야 할 비용에 대한 부담이 현저히 줄기 때문이다. 환자는 비용에 대한 저항성이 줄어들고, 의료 공급자는 비용대비 효과를 '묻지도 따지지도' 않는 환자들 덕분에 마음 놓고 행위량을 늘려나가니 그야말로 '누이 좋고 매부 좋고'인 판이다.

오늘날 한국사회 의료의 한 단면이다.

이러다보니 실손보험사의 예상을 초과해서 비급여 비용에 대한 보험 지출이 가파르게 상승했다. 일부 항목에 대해서는 아예 규정을 바꿔서 보험급여를 안 하겠다고 하니까 공급자들의 반발이 거세지기도 했다.

이 상황에서 가장 손쉬운 길은 보험료를 올리거나 새 상품을 만들거나 해서 보험사의 손실을 줄이는 것이지만 새로운 상품도 결국 보험료를 올리는, 다른 방식일 뿐이다.

지난 20일 보험사들은 결국 도수치료를 표준항목에서 제외한 실손보험상품을 내놓는다고 발표했다. 4월부터 판매한다는 이 상품은 도수치료를 특약으로 만들어 돈을 더 내야 보험적용을 받게 하는 것이다. 도수치료로 돈을 벌던 병의원들은 수익이 크게 줄어들 것이다.

민간보험법 제정의 실패

최근 10년간 한국 의료의 가장 큰 재앙은 바로 이 실손보험의 창궐이다.

10년 전 금융보험자본의 뱃속에서 태어났던 이 불가사리는 그동안 닥치는 대로 주워 먹고는 이제 너무 커져서 우리에 가둬놓기도 힘든 놈이 되었다. 무려 3500만 명에 육박하는 가입자와 건강보험을 능가하는 재정 규모를 갖게 된 것이다.

10년 전, 이놈을 저지하려고 민간보험법이라는 것을 만들려고 시도했던 적이 있었다. 없앨 수 **없**다면 우리에 가둬놓고 키울 심산이었는데 이 법안을 발의한다는 소문이 퍼지자 제일 먼저 보험연합회에서 찾아왔다. 연합회는 상황이 여의치 않자 노조를 쑤셔댔다. 그 법이 발의되면 회사가 죽고 노동자는 더 어려워진다는 논리였다. 금융노조는 넘어갔고 법안 발의 반대성명서도 냈다. 이때다 싶은 보험사들은 수만 명의 보험설계사와 직원, 그리고 노조를 동원하여 정부 과천 청사 앞에서 시위를 벌였다. 결국 법안 발의는 무산되었다.

그로부터 10년, 그 법안은 여전히 내 컴퓨터에 여러 파일 중 하나로 잠들어 있지만 실손보험은 한국 의료를 집어삼키는 거대한 불가사리가 되었다.

이 불가사리와의 싸움이 가장 큰 과제다. 정책 담당자는 말할 필요도 없고 운동하는 자들 역시 운동을 잘못하면 역사의 죄인이 된다는 것을 보여줬던 사례다.

건강보험 보장성 확대? 물 건너갔어요

2017년 현재 건강보험공단에 보험료가 남아돌아서 쌓아둔 돈이 얼마인지 아시는가? 무려 20조 원이다.

이렇듯 돈이 남아도는데 보험료는 매년 오르고 또 오른다. 보험료를 못 내고 체납자(6개월 이상)가 되어서 건강보험 혜택도 못 받는 국민이 200만 명이고, 3개월 이상 체납자까지 포함하면 아마 400만 명은 족히 넘을 상황인데도 국가는 이런 문제를 해결하거나 국민들의 급여 보장성을 넓힐 생각보다, 국민연금처럼 주식에 투자해서 돈을 벌 생각이 더 큰 것처럼 보인다.

한마디로, 머리가 좀 이상한 사람들이다. 저런 사람들을 공무원이니 건강보험공단이니 하면서 다 우리 세금이나 보험료로 먹여 살리고 있다는 게 개탄스러울 뿐이다.

이렇게 정부와 공단이 보험료가 남아돌지언정 보장성은

확대 안 하는 주요한 원인이 바로 실손보험에 있다.

전 국민 중 노인들 다 빼고, 장애인 다 빼고, 이미 병원에 있거나 질병으로 요양하고 있는 사람들 빼고, 위에 언급한 것처럼 건강보험료조차 못 내는 사람들 한 400만 명 다 빼고 나면 현재 실손보험 가입자 3500만 명이라는 숫자는 결국 전 국민 대부분이 다 가입해 있다는 말이다.

이 상황에서 실손보험이 비급여 항목에서조차 건강보험처럼 80%의 보험지급을 하고 있는데 복지부가 더 이상 건강보험 보장성을 확대할 이유가 없어진 것이다.

한술 더 떠서 건강보험 보장성 확대는 실손보험사가 내야 할 돈을 오히려 건강보험이 더 내면서 결국 보험사들의 배만 불리게 된다는 주장이다. 현실적으로 그렇게 된다. 맞는 말이다.

하긴 관저에서 대통령이 효과도 불명확한 각종 주사를 맞고 비아그라나 88정을 국민 세금으로 구입해서 직원들에게 뿌렸다는 정도면 관료들의 의식이 저 정도인 것은 차라리 나은 것인지도 모르겠다.

실손보험 고사와 다시 민간보험법 제정

실손보험은 건강보험이 제대로 돌아가면 애초에 존재할

필요가 없던 것이다. 그래도 계속 존재한다고 하면 아마 의료의 매우 미미한 부분에서 역할을 하는 상품이 있을 것이다. 실손보험은 본인부담금 폐지, 비급여 항목의 대폭적인 축소, 이에 따른 본인부담상한제가 정상적으로 작동되면 결국 고사될 것이라고 생각한다.

그러나 문제는 이 과정으로 어떻게 갈 것인가이다. 이미 이야기했듯 위의 것들을 추진하게 되면 보험사의 수익률이 늘어난다.

이때 필요한 것이 바로 민간보험법이다. 현재의 보험업법으로는 문제를 다 해결하기 어렵기 때문에 따로 민간보험법을 만들어 이에 대한 규제와 통제가 필요한 것이다. 이를 통해 건강보험을 키워나가고 민간보험을 축소시켜서 최종적으로는 다른 형태의 상품으로 남게 하든가 고사시키든가 해야 한다.

2009년부터 2013년까지 건강보험의 의료비 중 급여 항목이 연평균 6.7% 증가한 것에 비해 비급여 의료비는 무려 10.2%씩 늘어났다고 한다.

이 이야기는 시간이 가면 갈수록 급여 보장성은 후퇴하고 국민과 환자들의 부담은 점점 더 커진다는 것이다. 노무현 정부 때 건강보험보장성이 67%까지 갔었는데 그 이후 10년 동안 보장성이 63%로 축소된 것은 이를 방증하는 결과이다. 민간보험사 입장에서 보면 본인부담금과 비급여가 계속 증가하여 손실률이 증가한다는 이야기니 결국 보험료가 지속적으로 올라서 국민과 환자들의 어려움은 날이 갈수록 커진다는 뜻이다.

이를 해결하기 위해서는 금융보험자본의 격렬한 저항을 넘어야 하는데 앞으로 정권이 그걸 할 수 있을까 의문이다. 이미 문재인 캠프도 보장성 확대 공약이 순위에도 끼지 못 하는 저 밑의 것으로 인식하고 이에 대한 변변한 공약조차도 만들어진 것이 없다 하니 말이다.

결론은 여전히 거대 재벌의 영향력이다. 이들로부터 완전히 독립된 정권을 만들지 않는 한, 국민 건강도 자유로울 수 없는 것이다.

(2017. 1. 24. 프레시안)

'감추는 자가 범인이다'
…심평원은 모든 위원회를 공개하라

전에 불량혈액 유통 건으로 적십자사를 상대로 싸움을 벌일 때도 느꼈던 것이지만 특정 분야에 대한 감시조직이 없으면 그 분야는 해당 기업과 전문가, 그리고 관료들의 살기 좋은 파라다이스가 된다.

그 분야가 전문적이면 전문적일수록 그 양상은 더욱 심하다. 게다가 매우 오랜 세월 그러했다면 그 조직의 관료주의와 업자들과의 끈끈한 유착은 두말할 나위가 없고, '갑중의 갑'으로서 갖춰야 할 자세와 마인드도 거기에 맞게 자연스레 습득되어 조직 아래로 전수된다.

특정 업체를 불러서 호통을 치거나 공문을 보내서 꼼짝못 하게 옥죄는 건 흔히 보는 일이다. 특히 허가와 심사의 권한을 갖는 조직은 정도가 훨씬 더 심하다. 의도적으로 허가를 반려하고 또 늦추기도 하고 심사에 각종 규정과 내규를 만들어서 들이대면 업체들은 어찌할 방법이 없다. 업자들은 살기 위해서 스스로 '을 중의 을'이 되어 로비를 하고 각종 인맥을 찾아다닌다.

그러다 보면 공익은 국민 위에 군림하게 되고 해당 관료들은 유착 고리를 유지하고자 하는 업체들의 요구와 맞아떨어지면서 퇴직 후에도 해당 업체의 임원으로 이동한다. 그래서 로비는 전에 한 식구였던 업체 내의 퇴직 공무원에 의해 더욱 강화되고 끈끈하게 된다. 이 작업을 잘하지 못 하는 업체들은 그야말로 자력으로 일어서야 하는데 그 어려움이 보통이 아니다.

나는 보건의료 분야에서 이렇게 갑중의 갑으로 최적화된 집단이 식품의약품안전처와 건강보험심사평가원이라고 본다. 식약처는 각종 식품, 의약품, 의료기기, 그리고 화장품에 이르기까지 허가의 권한을 갖고 있는 막강한 집단이고, 심평원은 의약품, 의료기기, 치료재료, 신의료기술 등을 심사하고 급여 기준을 정하며 그 가격을 정하는 일을 한다. 게다가 모든 동네의원부터 종합병원과 대학병원 그리고 요양병원, 요양원과 조산소에 이르기까지 심사와 조사권까지 가지고 있는 그야말로 막강 조직이다.

최근 나는 심평원에서 운영하는 약제평가심의위원회(이하 약평위)에 대한 문제제기를 하였다(관련 글: 심평원, 문제를 방치하다간 한 방에 훅 갈 수 있다).

이 와중에 가장 크게 들었던 후회 아닌 후회가 있었다. 그것은 예전에 활동하면서 왜 식약처와 심평원에 대한 비판과 감시의 칼날을 제대로 세우지 않았을까 하는 것이었다. 그래서 이번 약평위 건은 그냥 넘기지 않으려고 한다.

전에 적십자사와 3년을 싸우면서 결국 5명을 해임시키고, 27명이 재판에 회부되면서 혈액전문가 집단의 벽을 무너뜨린 일이 있었다. 거의 모든 혈액전문가라는 사람들이 대학에서 교수로 있으면서 어떤 형태든 적십자사와 연구용역으로 관계를 맺으며 먹고살았고, 그 내부의 인물들과 선후배의 학연으로 묶여 있었다. 그러니 나와 같은 환자 한 사람이, 또 비전문가인 일개 시민단체가 설쳐봐야 뭐 어쩌겠냐고 생각했을지 모른다.

그러나 결국 몇 년 만에 적십자사는 그 비전문가에게 된통 된서리를 맞았다. 그래서 현재 모든 국민은 수술을 받거나 출산을 하거나 사고를 당해서 수혈을 받을 때 그 전보다 훨씬 더 안전한 혈액을 수혈받게 되었다. 하지만 이런 거 몰라도 된다. 원래 그렇게 되었어야 했던 것이니까. 그게 바로 제대로 된 사회의 모습이니까 말이다.

심평원에 지난주 정식으로 정보공개청구를 하였다. 약

평위의 회의자료, 회의록, 위원 명단을 달라고 요구했다. 식약처와도 같은 소송을 해서 현재 2심까지 승소한 상태지만 이번에 심평원이 해당 자료를 내놓지 않으면 다시 같은 소송을 할 것이다.

국회 보건복지위원회 소속 의원실에서도 같은 자료를 요청했다. 다시 말하지만 국회의원은 주고 나에게는 안 준다면 당연히 소송할 것이다.

이 소송은 비공개를 원칙으로 삼고 운영하는 각종 위원회에 대한 정부조직의 변화를 요구하는 것이 목적이다. 각종 업체들의 로비를 염려해서 명단 공개를 하지 않는다는 것이 오히려 얼마나 더 로비에 취약한지, 또 국민을 안전하게 만들지 못 하는지 알게 해야 한다.

공개가 안 되니까 관료와 전문가들로 이루어진 위원회에서 무슨 일이 벌어져도 국민이 모르고 그냥 넘어갈 수밖에 없다.

공개가 더 분명히 되어서 위원회에서 누가 어떤 말을 어떻게 했는지를 알아야 한다. 그래서 공익에 서 있지 않거나 이상한 논리를 편다면 위원회에서 퇴출시키는 게 맞다. 공개되어야만 절차대로 심의가 이루어지고 있는지, 누구는 봐주고 누구는 권한을 남용해서 옥죄어 못살게 하고 있는지 알 수 있다.

공개되지 않으면 국민은 알 수가 없다. 국가 보안에 관계된 것이 아니라면 공개되는 것이 마땅하다.

공개되어서 발언을 소신 있게 못 하겠다고 하는 위원이 있으면 아예 처음부터 못 오게 해야 한다. 소신과 원칙을 가지고 있으면 어디의 눈치도 보지 않고 누가 보든 당당하고 떳떳해야 한다. 그럴 자신이 없으면 아예 이런 위원회에 올 생각을 않게 해야 한다.

그렇게 위원회를 운영하다가 관료와 전문가들의 합작으로 많은 국민을 죽어가게 했던 것이 옥시의 가습기 살균제 사건이 아닌가.

그 가습기 살균제도 관료와 전문가들이 국민을 위한다며 비밀에 붙여 운영하며 각종 심의를 모두 통과시켰다는 사실을 잊지 말아야 한다.

(2016. 7. 1. 라포르시안)

헌혈증 폐지하고
'무상헌혈·무상수혈'을 하자

　얼마 전 혈액관리위원회에 다시 복귀했다. 이명박근혜 정권 시기에 소위 블랙리스트에 올라 여기저기 쫓겨났던 여러 위원회 중 하나이다.

　혈액 분야는 제도와 내용을 아는 사람이나 단체가 없기에 법정위원회인 혈액관리위원회에서의 건강세상네트워크의 역할은 매우 중요하다. 보건의료 분야의 각종 위원회가 대개 그렇지만 특히 혈액관리위원회처럼 전문가들로만 꽉 짜여진 위원회에서 나 같은 비전문가가 안건을 심의하고 어떤 경우에는 안건을 뒤집기도 하면서 제 역할을 하기란 사실 쉬운 게 아니다.

　지난달 열린 혈액관리위원회에는 전자헌혈증 도입 안이 심의안건으로 올라왔었다. 종이 형태의 헌혈증을 쓰다 보니 보관하기도 어려울 뿐만 아니라 잃어버리게 될 때는 재발급이 안 되니 헌혈자의 불만이 높다는 것이 주요 이유였다. 이에 헌혈자를 위해서라도 전자헌혈증 제도를 도입하자는 것이다.

이게 언뜻 보면 맞는 소리처럼 보이지만 나는 그날 앞장서서 이 안건을 부결시켜 버렸다.

헌혈증 제도가 헌혈 왜곡

헌혈은 그야말로 아무런 대가 없는 행위다. 타인을 위해 자기 몸의 일부를 내어주는 행위이니 헌혈자들은 고맙고 또 고마운 사람들임이 틀림없다. 하지만 엄밀히 이야기하자면 우리나라에서는 헌혈증을 받는 순간 헌혈은 헌혈이 아니라 혈액보관행위로 전락한다. 헌혈하면 어떤 혈액을 얼마나 채혈했는지 쓰여 있는 증서를 내준다. 바로 헌혈증이다. 이 헌혈증은 필요할 때 의료기관에 제출하면 그만큼의 혈액을 수혈받을 수 있다는 측면에서는 혈액보관증이기도 하고 유가증권이기도 하다. 이렇게 헌혈증 제도를 운영하는 나라는 우리나라가 전 세계에서 거의 유일할 듯싶다.

건강세상네트워크는 지난 15년간 줄곧 헌혈증 제도의 폐지를 단체의 입장으로 가지고 있다. 이 제도를 유지하는 한 우리나라의 헌혈은 진정한 헌혈이 아니라는 이유에서이다. 그런데 이번 국감에서 전자헌혈증을 도입하라고 어떤 의원이 이야기했는가 보다.

전자헌혈증은 무엇인가? 전자카드를 만들어 헌혈기록을 집어넣어 보관하자는 것이다. 그러면 잃어버릴 염려도 없고 종이헌혈증을 발급하지 않아도 된다는 이유다. 뭐 그 럴듯하게 보이지만 이 제도의 도입은 없애야 하는 헌혈증 제도를 더 영구히 강화하고 고착시키자는 안이다.

그래서 나는 혈액관리위원회의 심의 안건으로 올라온 이 안을 부결시킨 것이 당연하다고 생각한다.

전자헌혈증 안은 혈액관리위원회 산하 헌혈증진소위원회에서 논의하여 올라왔다. 그야말로 헌혈증진 안의 하나인 셈이다. 좀 단적으로 이야기하자면 헌혈증진을 이런 방식으로 하려고 하니 헌혈이 왜곡되고 증진이 쉽지 않게 되는 것이다.

원+원이라고? 헌혈자가 미끼 마케팅 대상인가?

요새 청소년들은 헌혈하면 그 대가로 영화티켓을 받는 게 당연한 줄 안다. 물론 사회는 정말 헌혈자들의 헌신에 대해 최고의 예우를 해줘야 하고 이에 대한 예우는 헌혈자의 자긍심과 가치를 높이는 것이어야 한다. 가장 기본적인 장기기증의 시작인 이 헌혈기증 문화가 바로서야 다른 장기기증 문화가 올바로 싹트는 토양이 되기 때문이다.

하지만 우리나라 헌혈문화는 어떤가? 어렸을 때는 영화 티켓을 받으며 해왔고 급기야 요새는 다른 혈액원과의 경쟁 때문인지 적십자사는 원+원으로 영화티켓을 주며 헌혈자들을 꼬드기고 있다. 이런 청소년들이 군대에서는 빵하고 우유 먹으려고 헌혈을 하다가 제대하면 예비군 훈련장에서 훈련 빠지려고 헌혈을 하게 된다. 대가가 분명하다는 것이다.

물론 헌혈자의 대다수는 이타주의에 기반을 둔, 대가를 생각하지 않는 숭고한 실천을 하고 있다고 생각한다. 그러나 처음 헌혈을 경험하는 동기와 방식이 매우 중요하다고 할 때 지금처럼 각각의 혈액원들이 채혈량을 늘리기 위해 여느 기업처럼 미끼 마케팅을 하는 것은 분명코 아니다.

수혈용 혈액 부족? 의료기관의 혈액제제 오남용이 더 문제!

그렇다고 혈액이 모자라는 것도 아니다. 우리나라의 헌혈량은 10년 전 약 250만 유닛이었다. 연인원 약 250만 명이 헌혈했다는 뜻이다. 그러나 지난 10년 정부는 이 혈액사업에 상당량의 돈을 투자해왔고 그중 하나가 헌혈의 집을 늘려나간 것이다. 이 결과로 10년 전 100여 개 정도였던 헌혈의 집이 지금은 약 150여 개로 불어났다. 헌혈 인구도 약 250만에서 현재는 300만 정도로 늘어났다.

그럼 여전히 수혈용 혈액은 모자랄까? 아니다. 오히려 넘쳐서 문제일 수도 있다.

영국의 경우, 인구 7000만 명 중 한 해 200만 명 정도가 헌혈하지만 혈액공급 대란이 일어나지 않는다. 그보다 적은 인구 5000만 명에 일 년 300만 명이 헌혈하는 우리나라는 당연히 혈액이 남으면 남았지 모자라면 안 된다. 현재는 오히려 의료기관에서 혈액을 오남용하는 것이 문제라면 문제일 것이다.

상황이 이러니 지금은 전자헌혈증 도입을 논의할 게 아니라 헌혈증서 제도를 없애는 방향으로 가야 한다. 헌혈증을 없애면 일시적으로 떨어질 수 있는 헌혈률을 어떻게 홍보하여 인식을 개선하면서 헌혈을 헌혈답게 정상화할 수 있을지 혈액사업 전반을 논의해야 할 시점이다.

이런 노력은 아예 생각도 시작도 하지 않고 그저 해왔던 대로 군부대를 동원하여 편하게 채혈한다. 그러다 보니 전

혈채혈이 금지된 말라리아 발생지역인 서울 이북 지역에서 11월부터 3월까지 한시적으로 채혈하겠다는 보고가 아무렇지도 않게 받아들여지는 것이다.

10년 전, 20년 전, 30년 전이나 지금이나 헌혈률은 늘어났음에도 채혈방식이 바뀌지 않았다는 것은 정부와 적십자사가 얼마나 안이하게 혈액사업을 하고 있는가를 방증한다.

이제는 헌혈증제도를 폐지할 때

국민이 혈액을 나누는 행위에 동참하면 국가는 그만큼의 행위로 보답하는 것이 의무이고 예의다.

나는 지속해서 무상헌혈, 무상수혈을 주장해왔다. 수혈은 사고자나 수술 환자, 그리고 각종 암환자 등 급한 환자들이 주로 받는다. 대부분 환자의 본인부담금이 5%이거나 일반 환자라 하더라도 20%이다. 이 본인부담금을 다 합쳐도 일 년에 300억 원이 안 된다. 이 비용을 국가가 부담하면 전 국민 무상수혈이 가능한 것이다. 건강보험공단에서 가지고 있는 수십조 원의 보험료에 붙는 이자도 안 되는 돈이다.

무상헌혈 무상수혈을 제도로 정착시키고 헌혈증을 폐지하라. 전 국민을 위해 그리고 앞으로 세워야 할 올바른 장기기증 문화 정착을 위해 국가가 그 정도도 못 하나?

(2017. 10. 24. 라포르시안)

심평원은 제약사의
'미끼상품 마케팅'을 부채질하지 마라!

누군가에게 도움을 주는 행위는 도움을 받는 자는 고마움을, 그것을 보는 주변인에게는 인간에 대한 따듯함을 느끼게 한다. 하지만 이런 행위가 뒤로는 돈을 받고 앞에서는 도움을 주는 척하는 행위라면 그건 위선이고 경멸의 대상이 된다. 그런데 이런 행위를 아예 공공기관이 발 벗고 나서서 조장하고 있다.

최근 심평원이 '신약 등 협상대상 약제의 세부평가기준' 일부개정(안)과 '약제의 요양급여대상여부 등의 평가 기준 및 절차 등에 관한 규정' 일부개정(안)을 공고한 게 그것이다. 이 개정안은 '글로벌 혁신신약 약가제도 개선방안'('16. 7. 7.)에 따른 글로벌 혁신 신약 우대정책의 세부기준을 신설하는 것이다.

이미 언급한 각각의 규정 이름조차 우리 국민과 환자들에게는 생소한 단어들뿐이고, 읽어도 무슨 내용인지 잘 파악이 안 되는 것들이다. 그래서 개정안의 내용과 의미를 뜯어 봤다.

비급여 의약품 무상공급의 첫 사례

뭐 내용을 봐봐야 이런저런 말들을 너절하게 늘어놓으면서 눈속임을 하고 있지만 결국 핵심 내용은 한마디로, '비급여 의약품 무상공급 활동을 하는 제약사의 신약에 대해 약가를 우대한다는 것'이다.

더 쉽게 말하면 보험이 안 되는 약을 환자들에게 무상으로 공급해주는 사회공헌 활동을 하는 제약회사의 신약은 건강보험료에서 약값을 더 높게 쳐준다는 뜻이다.

그런데 여기서 '제약회사가 환자들에게 비급여 의약품을 무상으로 공급하는 활동'이라는 게 뭘까?

이걸 파악하려면 일단 무상공급 프로그램의 효시인 2001년 백혈병 치료제 글리벡의 약가투쟁과정으로 다시 거슬러 올라가야 한다.

당시 글리벡은 2001년 6월 20일 허가를 받은 이후 약값을 한 캡슐에 25,005원을 신청했었다. 하루에 4알을 먹어야 하는 환자들이 하루 약값만 10만 원을 부담해야 했으니 환자들의 저항은 불을 보듯 뻔한 일이었고, 제약사인 노바티스는 환자들의 저항을 무마하고 약가협상의 시간을 벌기 위해 한시적으로 약을 무상으로 환자들에게 공급하기 시작했다. 이때 이 무상공급의 이름은 '동정적 프로그램'이었다. 하지만 정부가 그보다 낮은 가격을 제시하자 노바티스는 돌연 약 공급을 중단했다.

그러나 전 세계적인 비난과 환자들이 법적으로 문제 삼을 것을 피해가기 위해 공급 중단 2주만에 다시 전체 환자들에게 무상으로 약을 공급하고 2차 약가협상을 시작했다. 결국 노바티스는 자신들의 약가를 관철시켰고, 이때 환자들의 본인부담금을 다시 돌려주어 환자들이 돈을 한 푼도 안 내고 약을 먹게 하는 소위 '환자지원 프로그램'을 가동하면서 시장 점유율을 최대치로 끌어올렸다.

이게 본격적인 환자지원 프로그램의 시작이고 심평원 개정안에 언급된 비급여 의약품 무상공급활동의 첫 번째 사례다.

환자를 위한 무상공급활동? 그건 그냥 '미끼상품'이야!

인생 좀 살아보신 분들은 "세상에 공짜란 없고, 공짜 좋아하다가 집안 거덜낸다"고 말씀들 하신다. 둘러서 이야기하면 제약사 무상공급 약품은 무상도 아니고 공짜도 아니라는 이야기다.

그럼 이토록 착한 표정을 짓는 제약사가 뒤에서 챙기는

것은 어떤 것들일까?

　이미 심평원은 작년 신약 신속 등재제도를 만들어서 신약의 시장진입을 쉽게 만들어줬고, 덤으로 약가 협상도 제약사에 유리하게 만들어준 바 있다. 이에 이번의 개정안 역시 편의점의 2+1 마케팅처럼 제약사의 마케팅을 지원해주는 역할에 충실한 개정안일 뿐이다.

　이처럼 제약사의 소위 '환자를 위한' 의약품의 무상공급 활동은 그야말로 '미끼상품'으로 작용하여 시장의 확대를 노리고 시장진입을 용이하게 할 뿐 아니라 결국 특허에 대한 지위를 공고히 해서 최종적으로 신약의 약가협상력을 높이는 수단으로 활용될 가능성이 100%다.

　이때 덤으로 얻는 게 하나 있다. 바로 환자의 힘이다. 무상공급을 받는 환자들은 결국 제약사와 한목소리로 신속 등재 및 보험적용을 요구할 것이다. 최근 신약의 등재 및 약가결정 과정에서 제약사와 같은 목소리를 내는 환자단체들이 많아지고 있는 것이 이를 증명한다. 매우 위험하고 걱정스러운 일이다.

　시장에서의 경쟁은 말 그대로 공정하게 진행되어야 하는데 이렇게 미끼상품 마케팅을 통해 경쟁 제품의 시장진입과 점유율에 영향을 미친다면 다른 곳에서는 몰라도, 적어도 의료분야에서만큼은 불공정거래행위이며 공정거래법 위반이다.

아울러 비급여 의약품의 무상공급 행위는 약사법에서도 금지하고 있는데, 만약 이를 강행할 경우 아마 시민단체들은 약사법 위반으로 심평원을 고발할 것이다.

심평원! 잘하면 적폐대상에 이름을 올리겠다.

그래도 심평원이 명분이랍시고 이야기하는 건 하나 있다. 바로 '제약산업 육성'이다. 이 조그만 땅덩이에 700개가 넘는 제약사가 있다. 하지만 하나같이 복제약만 찍어내서 먹고사는 영세업체들이 태반인 상태를 생각하면 뭐 어떻든 산업육성은 해야 하지 싶다.

근데 문제는 왜 건강보험료로 기업 육성을 하느냐 말이다. 기업을 육성하고 지원하는 것은 국가의 몫이지 국민들이 낸 사회보험료로 하는 건 아니다.

요새 심평원이 하는 일을 찬찬히 보면 그 불신이 날로 깊어진다. 심평원의 약평위와 약제관리실 이 한 부서만 보더라도 작년에 필자가 세포치료제 케라힐-알로 문제를 지적한 이후에도 계속 여러 문제가 불거졌다. 약평위 위원들이 뇌물수수로 구속을 당하는가 하면 검찰의 압수수색까지 이어졌으니 말이다.

이외에도 현재 심평원에 대한 외부의 지적과 문제점은 이루 말할 수 없이 많다. 이 정도면 새 정부의 보건의료계 제도개혁대상 1번으로 지목될지도 모르겠다. 적폐란 외부의 것보다 내부의 것이 훨씬 더 해악적이다.

권고하건대 개정안은 다시 세단기 속으로 집어넣길 바란다. 신약의 평가요소로 다른 것도 아닌 기업의 사회공헌활동을 하나의 기준으로 삼고 약값을 더 높게 쳐준다는 게 국민 보험료를 관리해야 할 심평원이 나서서 할 일은 아니다. 국민들이 정신 나간 조직이라고 말해도 할 말이 없는 것이다.

(2017. 6. 23. 데일리팜)

왜 적십자사와 싸우는가?
아니 왜 싸워야만 하는가?

일 년에 약 300만 건의 혈액이 채혈된다. 적십자사는 이를 검사하는 장비와 시약을 일원화하는 사업을 진행 중이다. 예전처럼 장비와 시약을 두 가지 이상의 다른 회사 제품을 사용해서는 검사상 문제가 발생했을 때 그 책임소재를 규명하고 묻기가 어렵다는 게 이유다.

최근 문제가 된 사업은 일 년에 무려 300만 개의 검체를 검사해야 하는 아주 중요한 시스템이다.

혈액사업은 매우 전문적인 데다가 모든 사람이 크게 관심을 두지 않는 사업이기에 외부에서 감시할 사람이나 단체가 전무하다. 그래서 이를 통제하고 감시하며 국가 차원의 혈액사업 정책을 수립하고 실행할 수 있는 외부 기구가 필요하다.

고령화 사회로 갈수록 수혈 인구는 늘어나는 반면 헌혈인구는 줄어든다. 게다가 예전처럼 혹시라도 메르스와 같은 전염병이 발생하는 사태가 일어나면 헌혈률은 급격하게 떨어진다. 자칫 혈액대란이 일어나고 큰 혼란에 빠질 수가 있는 것이다.

이에 일정한 컨트롤 타워를 마련하고 여기에서 혈액의 수요와 공급을 조절하는 등등 국가 차원의 대비를 항상해야 한다. 이를 위해서 적십자사를 비롯한 혈액사업의 개혁이 필요한 것이다. 지금 치고받고 싸우는 근본적인 이유다.

(2018. 4. 20. 페이스북)

채혈이 곧 매출액으로 잡히는
적십자사의 구조

연령별 헌혈률을 보니 기가 막힌다. 30대 이상 헌혈률이 주변국의 반도 안 된다. 그런데 그중 40대 이상의 헌혈률은 더 낮아져서 전체의 10% 정도밖에 안 된다.

다시 말하면 중장년층의 헌혈이 비정상적으로 빈약하다. 10대 때부터 헌혈을 했던 사람들이 30대가 되면 상당수가 헌혈을 하지 않고, 40대 이후에는 거의 헌혈을 하지 않는 것이다.

그러나 전세계적인 관련 통계를 보면, 소위 선진국에서는 우리와는 반대로 나이가 들수록 헌혈에 참여하는 사람이 늘어난다는 것을 알 수 있다. 우리나라도 헌혈에 대한 인식 변화가 필요하다.

그러면 왜 이렇게 됐을까? 이미 헌혈에 대한 인식이 헌혈하면 영화표나 받고, 빵이나 우유 얻어먹고, 남들보다 일찍 집에 갈 수 있는 예비군 교육처럼 대가성 행위로 굳어져 버린 것이다. 이런 헌혈 유인 동기가 30대 40대로 접어들면서 사라지게 된다. 나이가 들수록 헌혈자가 줄어드는 이유다.

출산률도 줄어드는데 헌혈인구는 점점 줄고 수혈받아야 할 노인 인구는 점점 늘어나고…. 그럼 이런 나라는 앞으로 어떻게 될까?

쩝… 어떻게 되긴…. 결국 이렇게 하다가는 매혈제도로 가지 않겠는가?

그렇게 되기 전에 국가혈액사업을 바로 세워야 한다.

(2019. 3. 29. 페이스북)

피 같은 돈, 돈 같은 피?
국가혈액사업을 바꾸자

　최근 언론에서 자주 언급되기도 했지만, 크게 관심이 없는 혈액 분야에 다시 관심을 갖기 시작한 건 향후 혈액 수급의 어려움이 예상된다는 게 그 이유다.

　저출산 고령화 사회로 갈수록 노인 인구가 많아지고 암이나 중증질환의 환자가 증가하면서 혈액의 수요는 늘어나지만 실제 헌혈할 수 있는 인구는 줄어들어 혈액수급 불안이 점점 가속화할 것이라는 전망은 그리 어려운 예상도 아니다.

　특히 우리나라처럼 10대와 20대가 전체 헌혈의 71%를 차지하는 비정상적인 상황을 고려할 때 미리 혈액수급의 안정성을 확보하지 못 한다면 정말 큰일이 일어날 수도 있다. 게다가 지난번처럼 메르스와 같은 전염병이 유행해서 헌혈률이 급감할 상황까지 고려한다면 혈액사업은 국가가 위기관리를 해야 할 매우 시급한 분야이기도 하다.

혈액은 약처럼 공장에서 만들 수 있는 것이 아니다. 혈액사업은 오직 사람이 사람을 위해서 자기 몸의 일부를 내어주는 이타주의에 기초하지 않으면 그 존립 자체가 어렵다. 그래서 혈액사업은 그 헌신성과 도덕성이 어느 사업 분야보다도 더 요구된다.

하지만 국내 혈액사업의 현실을 보노라면 이런 헌신성과 도덕성은 일찌감치 내다버린 지 오래된 것 같다. 우리나라 혈액사업의 95%를 담당하는 대한적십자사의 행태는 물론이거니와 이 적십자사가 헌혈자를 모으는 방식은 아예 매혈에 가깝기 때문이다.

학생들이 한마음혈액원이나 중앙대에서 운영하는 헌혈의 집에 헌혈하러 온 상황을 한번 보도록 하자.

"왜 여기는 영화표를 한 장만 주세요? 적십자사는 1+1이던데."

"에이 그럼 우리는 저쪽에 있는 적십자사 헌혈의 집으로 갈래요."

적십자사는 헌혈하면 영화표를 1+1으로 두 장 주기 때문이다. 영화표 한 장당 만 원쯤으로 치면 피 값으로 한 2만 원 정도를 주는 셈이다.

돈으로 주고받지만 않았을 뿐이지 이건 그냥 '매혈'에

다름 아니다. 아이들을 이렇게 훈련시키고 헌혈하게 만든 조직이 어딘가? 바로 적십자사다.

헌혈을 이런 식으로 접하고 커온 아이들이 군대에 가면 빵과 우유를 먹고 그 시간이라도 침대에 누워 쉬어보려고 헌혈을 한다. 이들이 제대해서 예비군이나 민방위 교육장을 가서도 마찬가지다. 헌혈하면 조기 귀가를 떡고물 삼아 헌혈하니 말이다.

이렇게 중장년층이 되면 필요한 대가가 없기 때문에 헌혈과 멀어진다. 중장년층의 헌혈률이 낮은 이유다. 이러다 보니 우리나라 헌혈자들의 연령별 분포는 10대~20대가 71%를 차지하는 비정상적인 구조가 되어 버렸다.

하지만 우리나라의 헌혈자는 그리 적은 편이 아니다. 인구 5000만 명에 헌혈자가 약 300만 명 정도인데 인구 1억 3000만 명에 헌혈자가 약 500만 명 정도인 일본과 비교하면 오히려 많은 편이다. 그냥 비율로만 따지면 헌혈자가 반으로 줄어도 혈액수급에 그리 큰 지장이 없는 수치다. 하지만 이렇게 됐다가는 혈액수급에 비상상황이 발생했다고 아마 난리가 날 것이다.

그러면 우리는 왜 이렇게 많이 채혈을 하는 것일까? 두

가지 이유가 있다.

하나는 의료기관이 적정수혈을 하지 않고 과다수혈을 하고 있기 때문이다. 이에 대해서는 주기적으로 시행하는 적정수혈 평가에서도 이미 밝혀진 바 있다. 혈액은 하나의 약제이기 때문에 적정 투약을 해야 하는 다른 약과 마찬 가지로 적정수혈을 해야 한다. 약이든 혈액이든 과다 사용 해서 좋을 게 하나도 없기 때문이다.

이에 대해서는 향후 의료계 내에서 혈액사용과 관련한 행태의 변화가 있어야 한다.

이것 말고 두 번째는 대한적십자사의 문제다.

적십자사는 크게 두 가지의 사업 분야로 나누어져 있다. 하나는 구호사업(대북사업 포함)이고, 다른 하나는 국가 혈액사업이다. 그중 우리나라 혈액의 92%를 담당하고 있 는 혈액사업은 원래 국가의 책무인데 적십자사에 위탁해 운영해 오고 있다.

하지만 워낙 오랫동안 혈액사업을 독점적으로 하다 보 니 이 오래되고 낡은 조직엔 겉으로는 잘 보이지 않는 문 제점이 한둘이 아니게 될 것이다.

여러 문제 중 구조적으로 가장 큰 문제는 채혈량이 곧 적십자사 혈액사업의 매출액이 된다는 점이다. 상황이 이러니 이미 말한 것처럼 헌혈자들에 대한 접근 방식이 여느 기업의 홍보 마케팅 방식과 다르지 않다. 헌혈하면 준다는 '영화표 1+1'이라는 발상은 적십자사가 헌혈을 어떤 시각으로 운영해 왔느냐를 단적으로 보여준다.

그런데 문제는 적십자사는 그것이 매혈과 별다른 차이가 없다는 것을 인식하지 못 한다는 점이다. 왜냐하면 그들은 청소년들이 어떻게 헌혈을 접하고 경험하면 미래의 지속적인 헌혈자가 되게 할까가 아니라, 어떻게 하면 짧은 시간에 더 많은 채혈을 할 수 있을까가 고민이기 때문이다. 그리고 그 결과가 모두 매출액으로 잡히기 때문이다.

결과적으로 이 조직은 적정수혈 적정채혈을 구조적으로 이룰 수도 없거니와 내심 찬성하지도 않는다고 봐야 한다. 적정수혈을 하게 되면 혈액사용량이 줄어들고 따라서 채혈량을 줄여야 할 텐데, 그러면 매출액이 떨어질 테니, 매출액을 떨어뜨리는 일을 과연 적십자사가 할까 하는 의구심이 든다.

이런 이유로 국가혈액사업의 구조를 바꿔야 한다. 현재의 구조로는 앞으로 국가혈액사업의 지속가능성을 아무도 장담할 수가 없다. 게다가 하는 일마다 온갖 잡음이 끊

이지 않는 적십자사의 혈액사업을 제자리로 돌려놓는 일
이다.

　너무 늦기 전에, 그리고 일이 터지기 전에 체계를 바꾸
자. 정부의 몫이다.

(2018. 6. 21. 라포르시안)

가능성이 점점 높아지는
최악의 의료 지옥 시나리오

-민간병원이 우후죽순 생겨난다.

-대형병원은 분원을 세우면서 삼성이나 아산의 이름으로 전국 체인 병원을 만든다.

-사람들은 자기 동네에 병원이 들어온다고 좋아한다.

-덩달아 집값도 오르고 문화나 교통 인프라도 만들어지니 일거양득이다.

-이런 병원이 들어오니까 암이나 중증질환을 치료할 수 있는 병원은 시장 원리상 그 지역엔 더 이상 생기지 않는다.

-서울의 삼성이나 아산병원 본원에서 지방 분원으로 유명 의사와 스태프들이 내려온다.

-사람들은 이제 서울까지 가서 치료 안 받아도 된다고 좋아하며 환호한다.

-이에 지역의 특정 질환 또는 중증질환자들이 특정 병원으로 집중되기 시작한다.

-지방 대학병원 등 공공병원과의 의료 질 격차는 더 벌

어지고 중증 환자들은 신뢰 없는 공공병원을 더 이상 이용하지 않는다.

　-공공병원의 암 등 중증질환 치료 수준은 시간이 갈수록 더 떨어진다.

　-자본을 배경으로 하는 병원 체인이 전국을 장악한다.

　-공공병원은 서울대나 국립암센터 등 한두 곳 말고는 갈 곳이 점점 줄어든다.

　-이 와중에 제주 녹지병원이 소송에서 승리한다.

　-민간병원이 95%이고, 공공병원이 5%인 이 현실은 법으로 간신히 지탱하지만 언제까지 버틸 수 있을지 알 수 없다.

　-민간보험이 이제는 당당히 국민건강보험과 쌍벽을 이룬다.

　-이 보험사들은 대형 체인병원의 뒷자본들이다.

　-영리병원의 물꼬가 터지는 날, 보험자본과 대형 체인병원이 손을 잡는다.

　-민간보험사들은 건강보험에 대항하는 상품을 출시하고 체인병원들은 건강보험에서 모두 빠져나온다.

　-더 이상 건강보험 환자들을 받지 않는다.

　-치료 받으려면 모두 비급여로 돈을 내든가 보험회사의 보험 상품에 가입해야 한다.

　-어느 날, 갈 곳이 없는 암이나 중증질환자들은 꼼짝없

이 하루아침에 모두 잡아먹힌다.

　-의료 지옥이 시작된다.

(2022. 4. 26. 페이스북)

좋아하지 마라

공공의료 실태를 공공병원의 숫자만으로 평가하는 건 일차원적이긴 하지만, 그 숫자는 상징적인 지표이기도 하다.

그런 면에서 수치로만 본다면 우리나라 공공의료는 한마디로, 앞날이 아득하다. 공공병원이라고 해봐야 전국 의료기관의 5% 정도밖에 안 되니 말이다.

예전엔 10% 정도였는데 시간이 갈수록 8%, 6%로 줄더니 최근에는 5%대로 떨어졌다. 공공병원은 늘지 않고 민간병원만 늘어나니 비율이 점점 줄어드는 것이다.

민간병원은 어떤 병원일까?

땅 파서 장사하는 거 아니면 한마디로, 돈 벌려고 하는 병원이다. 그래서 민간병원은 수지타산을 먼저 따져야 하고 장사가 될 만한 지역과 위치에 자리 잡을 수밖에 없다. 이건 의사 개인의 성품이나 좋은 뜻과는 상관이 없다.

이렇다 보니 병원은 대도시 중심으로 몰리고 농어촌 지역이나 인구 밀집 지역이 아닌 산간 지역에는 들어서질 않는다. 결과적으로 도시와 농어촌 간의 의료 서비스 격차는 점점 벌어지고, 산간 지역은 상황이 더 심각해진다.

이 와중에 이런 의료 이용 환경의 불평등은 앞으로 더 안 좋아질 것 같다. 국민의힘 대선 공약의 정책기조가 공공의료를 공공병원 확대로 가닥을 잡지 않고, 기존의 민간병원에 그 역할을 하게 하는 방식으로 방향을 잡았기 때문이다.

하지만 이번 팬데믹 상황에서도 보았듯이 민간병원은 전쟁이 나지 않는 한, 돈 안 되는 일에는 눈길도 주지 않는다.

민간병원이 공공의료 역할을 수행하게 하는 정책 방향이란 것은 그 역할에 돈을 퍼주겠다는 것으로 이해하면 된다.

하지만 이 같은 기류는 이미 문재인 정부도 마찬가지였다. 문재인 정부는 말로는 공공의료를 떠벌렸지만 공공병원도 의료 인력도, 건강보험의 지속가능성도, 어느 것 하나 제대로 해결하지 못 했다.

그래서 이미 병원자본은 돈 되는 곳에다가 분원 형태의 병원을 지으면서 문어발식의 확장을 하고 있고, 삼성, 아산을 포함하여 세브란스, 가톨릭 성모 등등 종교와 사학재

단까지 이미 시장으로 들어서 있는 상황이다.

사람들은 자기 집 주변과 동네에 대형병원이 들어서는 걸 좋아한다. 의료이용이 편리해짐과 동시에 집값도 뛰고 교통 인프라도 문화시설도 생기기 때문이다.

하지만 이런 것이 앞으로 우리나라 의료에 어떤 결과를 가져올지 생각하면 난감하다.

이미 우리나라 병상은 인구 대비 포화상태를 넘어섰다. 다만 위에 언급한 것처럼 특정 지역의 쏠림으로 인해 심각한 지역간 불균형 상태에 있을 뿐이다. 이런 불균형은 병원 간 경쟁을 촉발한다.

돈벌이에 나선 병원은 당연히 돈벌이가 안 되는 것에는 별 관심이 없고, 종국적으로 그 피해는 고스란히 시민과 환자들에게 전가된다. 지방 중소병원은 더 도태되고 흡수되면서 의료 전체의 양극화도 심화된다.

다음 정부의 보건의료 기조는 이런 병원들에게 당근으로 돈을 물려주고 돈 안 되는 공공의료의 역할을 수행하도록 만들겠다는 것이다. 현재 짓고 있는 공공병원 역시 이들 병원에게 위탁 운영할 가능성이 매우 크다.

자본이 불가사리처럼 점점 자기 몸집을 키워나갈 때 이

를 제어하지 못 하면 결국 주변의 모든 것을 먹어 치운다.

앞으로 병원에 퍼줄 돈은 건보료와 세금을 포함하여 어마어마하다. 지금까지 돈은 차치하고 앞으로 퍼줄 것만 가지고도 공공병원을 수십 개 지을 수 있지만 문정권도 다음 정권도 그렇게는 하지 않을 전망이다.

동네에 대형마트 들어선다고 좋아하지 마라. 동네에 대형병원 분원이 들어온다고 좋아하지 마라. 동네마트, 동네병원을 결국 다 먹어치우면 불가사리는 이제 당신과 나 그리고 우리 애들까지 모두를 잡아먹으려고 할 것이다.

오늘 페북에 한 페친이 올린 노엄 촘스키의 말이 생각난다.
"부패한 정권은 모든 것을 민영화한다."

(2022. 3. 30. 페이스북)

국민들 열 받게 좀 하지 마라

1. 강남의 성형외과는 그저 미용실일 뿐이다

성형외과 전문의의 70%가 강남과 압구정동에서 개업하고 있다. 전문의란 의대를 졸업한 일반의사가 아니라 졸업 후 다시 수련 병원에서 성형외과 전문의 수련과정을 마친 사람들을 말한다.

그렇다고 이 분들이 전문의 수련 과정에서 쌍꺼풀 수술이나 지방흡입을 배우진 않을 것이다. 그런데 힘든 전문의 수련 생활을 거치고도 왜 병원을 나가서 특정 지역에 옹기종기 모여 저렇게들 개원을 하고 있을까?

뭐 한마디로, 돈 벌려고 나간 분들이다.

하지만 미안하게도 이분들은 의사면허를 가졌다 뿐이지 의사가 아니라고 봐야 한다. 성형은 특정 질병에 의해 그리고 화상이나 교통사고 등 각종의 재해나 사고로 손상된 신체를 재건하는 역할을 담당한다. 사람이 사람으로 사회에서 살아갈 수 있도록 해주는 일인 것이다. 내가 성형을 의료라고 부를 수 있는 것은 여기까지다.

이에 나는 강남에서 영업하는 무수히 많은 성형외과는 얼굴 및 신체 미용실로 분류한다. 의료가 아니기 때문이다. 의사는 의료를 담당하는 사람들이기에 이분들은 미용실 원장 정도로 불러드려야 할 것 같다.

그래서 미용 성형은 건강보험료로 비용을 줄 수 없는 것이다. 이분들이 의술을 이용해서 사람들의 욕망을 채워주는 대가로 버는 돈은 어마어마하다.

그러다 보니 수련의들은 응급의학과니 외과니 산부인과니 하는 소위 돈 안 되는 과의 수련보다는 성형외과나 안과나 피부과에 대거 몰리게 되었다. 필수의료를 담당할 의사가 점점 줄어드는 이유다.

2. 신경외과 의사들? 이분들도 다들 돈 벌러 나갔다

동네의원의 80% 이상이 전문의들이다. 이런 이유로 우리나라 1차 의료를 이용하는 국민들은 아프면 아픈 부위별로 이 의원 저 의원을 다 돌아다닌다. 눈이 이상하면 안과, 피부에 종기가 나면 피부과, 귀가 앵앵거린다 싶으면 이비인후과 등등….

전문의의 개원 수는 늘어나지만 정작 병원에서는 필수

의료를 담당할 인력 확보가 갈수록 힘들어진다. 의사 인력 양성도 시급하지만 무턱대고 인력을 양성한다고 해서 문제가 해결되는 것이 아님을 알 수 있다.

이번 서울아산병원의 간호사 사망 사건 때문에 떠오르게 된 신경외과 의사 수 얘기를 해보자. 현재 우리 나라의 의사들은 신경외과 의사가 OECD의 4배가 넘는다면서 의사가 부족한 게 아니라고 강변한다(물론 이 숫자도 내용의 구체성을 파악해야 하지만).

아무튼 이것을 액면 그대로 받아들인다고 해도 두 가지 의문이 생긴다.

첫째는 그러면 신경외과 의사 중 개두수술을 할 수 있는 의사는 몇 명인가?

둘째는 그렇다면 그 많은 의사는 다 어디 있는가? 하는 이 두 가지다.

알아보니 우리나라 신경외과 의사 중 개두수술을 할 수 있는 의사는 150여 명에 불과하다. 약 두 배 정도가 되어야 한다고 하는데 턱없이 부족한 것이다.

그럼, 의사들은 개두수술을 기피하고 다들 어디로 간 것일까? 이 답은 상급종합병원이 아니라 전국에 체인점으로 퍼져서 수술 건수를 엄청 늘리면서 돈을 벌고 있는 척추 수술 전문병원이라는 곳에서 찾아야 할 것 같다. 성형외과와 마찬가지로 신경외과 의사들도 대학병원을 뛰쳐나가서 열심히 일하고 있기 때문이다.

왜 나갔냐고?

왜긴 왜겠는가? 돈 벌러 나간 거지.

3. 허구한 날 기승전'돈'은 의사의 말 치고는 너무 천박하지 않은가

서울아산병원의 간호사가 뇌출혈로 사망한 사건에 대해 의사들은 이렇게 요구한다. 수가가 낮아서 수련을 기피하는 것이니 수가를 올려서 처우를 개선하라는 것이다.

이것도 두 가지 의문이 생긴다.

첫째는 어디를 기준으로 삼고 수가를 올리라는 것일까?

둘째는 수가를 올려주면 정말 필수의료 인력이 채워질까?

자, 첫 번째 질문을 살펴보자.

수가를 올려서 처우를 개선해야 한다는 기준이 성형외과 의사나 척추전문병원에 가 있는 의사들이 버는 수준을 말하는 것인가? 아니면 백내장 수술을 빌미로 한 번에 오백만 원, 천만 원짜리 노안수술로 돈을 긁는 안과들인가?

좋다. 그렇다면 나는 그분들의 매출과 수익을 먼저 공개적으로 이야기해 주길 바란다. 그리고 국민들과 함께 논의해 보자. 개두수술하는 의사가 일 년에 얼마를 벌게 해줘야 서울아산병원과 같은 일이 안 생길 수 있는지 말이다.

두 번째, 수가를 올려주면 의사의 처우가 개선이 되고 결과적으로 필수의료 인력 확보가 쉬워질까?

그런데 예전에도 이런 논리로 흉부외과를 비롯해 여기저기 어렵다고 하는 과의 수가를 다 올렸다. 흉부외과 수가는 무려 100%를 올려줬지만 흉부외과는 여전히 어렵다. 여기뿐만이랴! 다른 과도 여전히 다 어렵다.

왜 그럴까? 병원이 그 돈을 의사의 처우나 근무 조건을 개선하는 데 쓰지 않고 모두 꿀떡 삼켜버렸기 때문이다. 자영업자인 개원의야 수가가 올라가면 의사 본인의 수입이 되지만 병원은 특별히 별도의 규정이 없는 한 수가를 올려줘 봐야 병원 배만 터지게 만든다는 것이다.

바라건대, 의협은 이번에도 기승전'돈'만 이야기하지 말고 필수의료 인력에 대한 진지한 논의를 하길 바란다.

바벨탑이 높고 웅장했지만 그 탑은 한 번에 무너졌다. 국민들은 참고 참고 또 참다가 한 번에 무너뜨린다.

국민 무서운지 모르면 결국 지금의 의료는 필히 망한다.
좀 전향적으로 일을 풀어보자.

(2022. 8. 11. 페이스북)

과학적 '사기'가 널렸다

과학을 위장한 장사치들이 많다. 사실 정확히 말하면, 대부분 인간의 질병에 대한 공포를 이용한 '사기'에 가깝다.

요즘 정부의 규제 샌드박스로 시장에 진출한 유전자검사도 그중의 하나다. 하지만 이런 과학을 등에 업은 상술은 이번이 처음은 아니다.

규제 샌드박스란 기업이 새 제품이나 기술, 서비스 등을 출시할 때 일정 기간 동안 규제를 면제하거나 유예하는 제도이다.

전 국민을 대상으로 이런 장사를 했던 것 중 제일 많이 퍼졌던 것이 제대혈 보관사업이다.

제대혈은 산모의 탯줄에 있다. 태아의 영양분을 공급하는 탯줄에 있는 이 혈액에는 면역체계를 형성하는 조혈모세포와 각종 장기를 만들어내는 줄기세포인 간엽모세포가 들어 있다.

장사치는 이걸 이용한다.

부모들에게 "당신의 아이가 만약 백혈병에 걸린다면?" 이라는 질문에 대한 대안으로 미리 제대혈을 보관하라고 꼬드긴다. 요즘처럼 자녀를 적게 낳는 시대에 솔깃한 이야기일 수밖에 없다. 게다가 자식이 혹 미래에 당할지도 모르는 병마에서 지킬 수만 있다면 지켜주고 싶은 게 부모의 마음 아니던가?

병원은 그간 돈을 내고 폐기물로 버렸던 탯줄을 짭짤한 비용을 받고 업체에 넘겨주니 이건 뭐 누이 좋고 매부 좋은 일이었다. 자본은 이 틈새를 비집고 들어왔다. 많은 산모가 이를 믿고 제대혈을 보관하기 시작했다.

여기서 이용된 과학적 첫 번째 팩트는 '백혈병이나 그 밖의 혈액질환에 걸리면 골수이식을 해야 하는데 이에 필요한 것이 조혈모세포'라는 것이다.

두 번째 팩트는 '그러나 조혈모세포 이식은 조직이 맞아야 하는데 요즘처럼 형제자매가 없는 상황에서 타인과 맞을 확률은 1/20,000로 확률이 극히 낮다는 것'이다. 한마디로, 찾기가 어려우니 아이의 것을 미리미리 보관해서 유사시에 대비하라는 말이다.

산모들은 아마 자식의 생명보험을 드는 마음으로 가입했을 것이다. 그래서 전국의 수많은 산모들이 적지 않은 비용인 일이백만 원을 내고 제대혈을 보관했다. 초창기에 한두 개였던 업체가 4~5년 만에 19개로 크게 늘어난 것을 생각하면 이게 얼마나 돈 되는 장사였는지 보여준다. 제대혈을 보관한 사람이 무려 백만 명이 넘었다는 소리를 10년 전에 들었으니 아마 지금은 훨씬 더 많을 것이다.

그런데 어찌된 일인지 자기 제대혈을 써서 치료에 성공했다는 예를 단 하나도 들어보지 못 했다.

왜 그런 걸까? 이제 사람들은 시간이 지나면 지날수록 '속았다'는 느낌을 지우기 어려울 것이다.

그러면 이게 왜 허무맹랑한 짓이었을까?

제대혈은 탯줄에서 약 150cc~200cc 가량을 채집할 수 있다. 이것을 영하 190도의 질소냉동 상태로 보관한다.

이에 대해 이해하려면 골수이식(조혈모세포이식)에 대해 좀 알아야 한다. 조혈모세포는 말 그대로 혈액을 만드는 어미 세포다. 혈액을 만드는 공장이라는 이야기다. 골수이식은 체내의 모든 혈액을 새것으로 바꾸는 아주 무식하고 위험한 작업이다. 이 이식의 전제 조건은 두 조혈모세포의 조직이 같아야 한다는 것인데 형제간에 서로 맞을 확률은 1/4이고 타인과는 위에 이야기한 것처럼 1/20,000 정도다.

그러나 문제는 출생한 아기가 항상 아기 상태로만 있지 않다는 것이다.

아기는 시간이 가면 갈수록 몸이 커지고 커진 만큼 몸무게도 늘어난다. 이때 골수이식을 해야 하는 상황이 온다면 조혈모세포의 양을 몸무게에 맞게 늘려야 한다.

그러나 보관 중인 제대혈의 양은 출생 때 탯줄에서 채집한 아기 몸무게에 쓸 정도의 양밖에 안 되니 결국 그 제대혈은 있으나 마나 하다는 이야기다.

이 때문에 문제가 터졌었다. 어떤 부모가 병에 걸린 자식을 살리기 위해 제대혈은행을 방문했는데 당연히 양이 부족했다. 그러자 업체가 그 아이와 조직이 반 이상 같은 제대혈을 가진 가족을 찾아내 중간에서 거간꾼 노릇을 하며 거래를 하다가 걸린 것이다.

참고로, 제대혈 이식은 일반적인 골수이식과 달리 조직이 50% 이상만 같으면 서로 섞어서 이식이 가능하다.

그러나 더 중요한 문제는 이렇게 보관한 제대혈을 사용해야 할 상황이 온다 하더라도 5년이고 10년이고 영하 190도 질소냉동 상태의 이 제대혈을 해동하여 다시 사람 몸에 이식했을 때 과연 그 제대혈이 정상적으로 작동하는

지 아직까지 불분명하다는 것이다. (어쩌다 성공했다는 사례가 있었다는 것은 알고 있지만) 현재 의학적으로는 5년 내의 짧은 기간의 사례들이 대부분인 것으로 알고 있다.

간단한 이야기를 길게 했지만 결론을 말하자면, 제대혈 보관해 봐야 별 의미 없다는 것이다.

그러나 이 제대혈 은행이 필요한 것은 사실이다. 왜냐하면 매년 많은 어린이가 백혈병 같은 혈액질환에 걸리기 때문이다. 그러나 그 아이들은 제대혈은행의 제대혈을 사용할 수 없다. 모두 개인의 재산이기 때문이다.

이런 사적인 의료 방식으로는 우리의 문제를 아무것도 풀 수 없다. 공공의료 시스템이 중요한 이유다.

그래서 대만은 오래 전부터 공공 제대혈은행을 운영해 왔다. 그간 버려졌던 제대혈을 모두 기증받아 공공은행을 만든 것이다. 그래서 필요한 누구든 와서 검색하여 맞는 제대혈을 찾으면 그게 몇 개라도 섞어서 양을 늘려 사용한다.

이렇게 문제가 터지고서야 우리는 보라매병원에 공공제대혈은행을 만들었다. 왜 항상 문제가 터져야 그걸 수습하는 정책밖에 못 하는지 답답할 뿐이다.

지금 논란이 된 DTC(본인 의뢰 유전자 검사)도 이와 다르지 않다. 그냥 국민을 자본의 먹이로 던져주는 꼴이다.

창조경제? 혁신성장? 개뿔. 그런 거하고 아무런 상관없다.

(2019. 2. 21. 페이스북)

약탈적인 다국적 제약 자본

우리나라는 의료 부문에서 제약 관련 대응이 가장 취약하다. 이는 약사의 사회적 전문성이 약화되고, 약학 관련 전문가들 대부분이 친 제약자본으로 넘어갔기 때문으로 보인다. 덩달아 진보 성향의 대응 역량 역시 낮은 상태이다.

의료의 공공성을 많은 사람이 이야기하지만, 공공 제약 분야 전문가는 한 손에 꼽을 정도다. 다섯 명도 안 된다는 이야기다.

이번 코로나 상황에서도 다국적 제약자본이 위기에 처한 생명을 담보로 거의 약탈적인 비정상적 폭리를 취해도 누구 하나 문제를 제기하는 사람이 없다. 나 같은 사람들이 생산 원가 타령을 하면 오랜 기간 제약회사의 교육을 의심 없이 그대로 믿고 받은 많은 의료인들이 먼저 "약 하나 만드는데 개발비용이 얼마나 많이 들어가는데" 하면서 오히려 제약회사를 두둔하는 것이 일반적이다.

화이자는 작년에만 백신으로 43조 원을 벌었고, 코로나 시기를 통틀어서는 117조 원의 매출을 올렸다고 한다. 한 기업의 매출이 웬만한 국가의 예산과 맞먹는 액수다.

그 와중에도 제약회사들은 별로 남는 게 없다고 항상 징징댄다.

그건 예전에도 별반 다르지 않았다. 2001년 노바티스가 최초의 표적항암제인 글리벡을 출시하고 약값을 한 알에 25,005원을 요구했을 때도 환자들이 약가에 저항하자 그들은 무려 10억 달러(당시 환율로 약 1조 원)의 개발비용이 들었다고 항변했다.

하지만 우리가 조사한 바로는 개발비용의 70%는 오레곤 암센터의 지원을 받고, 20%는 미국정부가 공적자금을 대준 것으로 파악됐다. 자기들이 낸 개발비용은 고작 10%에 불과함에도 이윤은 100%를 가져간 것이다.

설령 개발비용을 제약회사가 전부 부담했다고 하더라도 약 출시 7년 만에 매출액으로 150억 달러를 벌어들이는 것은 생명을 저당 잡힌 인류에 대한 소리 없는 약탈행위와 다름없다. 제약회사가 미국에서 무기회사들을 제치고 로비자금을 가장 많이 쓸 수 있게 된 건 우연이 아니다.

우리나라의 화순에 설립한 녹십자 백신 공장의 경우도 비용의 반을 국민세금으로 투자해서 지었다는 것을 아는 사람이 많이 없다. 예전에 사스와 메르스를 거치면서 타미플루 파동 때 국가 백신경쟁력 확보의 명분으로 벌어진 일이다.

공공의료를 고민하는 사람은 더불어 공공제약을 함께 고민해야 한다. 식량, 에너지와 함께 약품 또한 공공적 관점에서 제도가 만들어져야 한다.

코로나 상황에서 다국적 제약자본이 어떻게 돈을 긁어가는지 보지 않았는가?

(2022. 2. 23. 페이스북)

보건의료에 대한 단상 모음

의사 인력과 관련한 문제의 핵심은 세 가지다

첫째는 두 말 할 필요 없이 절대적인 의사 수를 늘리는 것이다.

공공의대를 만들든, 현재의 의대 정원을 늘리든 뭔 방법을 쓰든 간에 턱없이 부족한 의사 수를 늘리는 것에는 별다른 이견이 없을 것이다.

둘째는 필수의료 인력을 늘려야 한다.

전체 의사 수는 늘리더라도 돈벌이를 위한 성형외과나 피부과 등등의 의료 인력만 늘어나봐야 아무짝에도 쓸모없고 오히려 국민들만 더 피곤해질 뿐이다.

내과, 외과, 응급의학과 등 필수의료 인력의 수가 늘어나도록 정책을 짜야 한다.

셋째는 의료 인력의 배치문제다.

현재 의사월급은 서울이 가장 낮다. 서울에서 아래로 내려가면 내려갈수록 의사 급여는 올라간다. 의사 급여가 가장 높은 곳이 창원지역이다. 전국적으로 의료기관과 의사의 배치가 불균형적이기 때문이다.

지역 거점 병원을 만들고 필수의료 인력을 배치하여 지역 간 의료 불균형을 점차 해소해 나가야 한다. 결국 문제는 이를 실현하는 정책의 디테일이다.

(2020. 7. 24. 페이스북)

코로나 대응에 민간의료가 빛났다는 이상한 주장들

10% 정도의 공공의료기관이 코로나 환자의 90% 이상에게 병상을 내주고 치료를 하고 있다. 뒤집어 이야기하면 그 많은 민간병원이 코로나 확진자 치료를 위해서 내준 병상은 10%에도 채 못 미쳤다는 이야기다.

상황이 이러함에도 불구하고 코로나 사태에서 민간의료가 없었으면 적절한 대응이 불가능했다는 이상한 논리들이 횡행한다. 통계자료에 근거하지 않은 위험한 논리다.

민간병원은 공공의료기관처럼 비상상황에서 대규모의 병상을 내놓을 수가 없다. 상황이 이러함에도 의협이 공공병원 확충을 주장한 김윤 교수를 의협 내 윤리위에 회부한 것은 의협의 인식 수준을 반영한 것이다. 국민들이 의협을 의료에 대한 철학적 가치보다 개별 의원을 경영하는 사업자 의식이 강한 집단이라고 생각하도록 본인들이 스스로 만든다.

지금은 우리가 앞으로 의료의 공공성을 강화하는 것이 왜 필요하고 중요한지 생각해 보는 시기다.

(2020. 4. 29. 페이스북)

의사는 질병이 아니라 환자를 먼저 보아야 한다

대부분의 의사는 질병에만 관심이 있다. 그래서 질병을 이기는 스킬과 약물에만 관심이 높아지는 게 당연한지도 모른다. 의사가 정작 환자를 잘 모르게 된 이유이기도 하다.

환자를 보지 않고, 질병만 보면 의사는 질병 자체에 대한 관점과 철학도 달라지게 된다. 질병을 개인의 몸속에서 생기고 소멸하는 것으로만 이해하기 쉽다는 것이다. 의료를 스킬과 약물 그리고 단순 과학으로만 이야기하면 의사는 질병을 고치는 의료기술자가 된다.

진정한 의사가 되려면 환자를 보라!

이게 무슨 말인지도 모르는 의사들이 많다. 의사 공부를 시작할 때부터 교육 자체가 '환자'보다는 '질병'을 교육시키기 때문이다.

(2020. 1. 24. 페이스북)

환자의 눈높이는 자로 재는 높이가 아니다

병원에 가면 흔히 볼 수 있는 응급 호출벨. 그야말로 환자의 눈높이에 설치되어 있다.

그런데 과연 이게 응급상황시 제 역할을 할 수 있을까?

보통 응급상황이라면 환자가 쓰러지는 경우가 많다. 그래서 환자가 쓰러지면 다시 정신 차리고 일어서서 저 높이 있는 벨을 누르라고?

환자가 쓰러지는 경우에 응급 호출벨이 제 기능을 다하려면 환자의 눈높이에 있는 벨을 떼어서 허리 아래의 가장 잘 보이는 곳에 설치해야 한다. 누워서도 누를 수 있도록 말이다.

화장실에도 벨을 좀더 아래쪽으로 내려 달고, 앉아 있을 때의 눈높이에 벨의 위치를 안내하는 안내문을 부착해야 한다.

사소한 것이라도 상대방의 관점에서 다시 곱씹는 게 필요하다. 이야기 안 해주면 환자 본인도 모르고 병원도 의사도 간호사도 아무도 모르고 모두 아무 생각도 안 한다.

(2019. 11. 6. 페이스북)

그렇게 생색내고 싶으면 차라리 건강보험을 조세로 전환해라

TV를 보니 건강보험공단 건강검진을 '국가건강검진'이란 이름으로 홍보를 하고 있다. 그게 그거 아니냐고 하는 분들이 있겠지만 그 둘은 엄연히 다르다.

우리 건강보험은 상호부조 성격의 사회보험(NHI)이다. 전적으로 국가가 세금으로 의료를 책임지는 영국의 국가의료보장서비스(NHS)하고는 방식과 체계, 그리고 대상도 다른 것이다.

국가의료보장서비스(NHS)는 보험료 안 낸다고 압류통지서가 날아오지도 않고, 보험자격 상실도 되지 않는다. 의료서비스가 국가의 의무가 되기 때문에 의료 사각지대란 말도 없어지고, 의료보호 1종이니 2종이니 하는 구분도 사라진다. 그야말로 건강의 문제가 온전히 권리로, 그리고 국가의 의무로 자리잡게 되는 것이다.

그러나 우리 현실은 그렇지 않다. 사회보험이기 때문에 그렇다. 건강보험법상 매년 국민이 낸 보험료의 20%를 정부가 내게끔 되어 있지만 이것도 부실하게 내고 있어서 밀린 돈이 24조 원에 이른다. 정부가 체납자인 꼴이다.

이 체납자가 국민들이 낸 보험료를 가지고 하는 건강검진을 국가가 해주는 것처럼 선전하고 있다.

코로나19 검사비와 치료비도 마찬가지다. 방송에서 이 체납자가 주인 행세를 하면서 국민들 보험료로 온갖 생색을 내는 것을 보니 열이 확 뻗친다.

그렇게 주인 행세하면서 온갖 생색내고 싶으면 차라리 건강보험료를 조세로 전환해라.

(2020. 6. 23. 페이스북)

이러니 결핵 발병률이 OECD 1위일 수밖에 없다

지인의 어머니가 폐결핵 의심으로 한 대형병원의 격리실에 입원하셨단다. 그 병실에서 보호자가 같이 잠을 잔다. 보호자가 그 병실에서 이것저것 다 만지고 알코올로 손만 쓱쓱 닦고 밖으로 나가고 돌아다닌다. 간병하는 보호자는 감염예방교육이 미진하니 이럴 수밖에 없다. 병원이 스스로 음압격리병동을 무력화시키는 것이다.

우리나라가 OECD에서 결핵환자 발병률이 가장 높은 이유다.

항생제 내성균인 MRSA나 CRE 같은 감염환자 역시 말할 것도 없다.

입원한 환자가 어느 날 고열이 나고 병원이 환자를 중환자실이나 격리실로 이동시키면 보호자는 눈 크게 뜨고 살펴봐야 한다. 어떤 항생제를 다는지도 봐야 한다. 그래서 퇴원할 때 무조건 진료비 세부내역서를 떼어달라고 하고 가지고 계시라. 그간 병원이 어떤 약을 썼는지 다 볼 수 있다.

환자가 할 수 있는 최소한의 자기방어권이다.

(2019. 10. 13. 페이스북)

의사가 살 수 있는 유일한 길

　사람이 제도를 만들지만 그 제도 속에서 사람은 선해지기도 하고 악해지기도 한다. 의료 분야에서 의사들을 더 나쁘게 만드는 제도가 바로 '행위별 수가제'이다.

　행위별 수가제란 의료의 모든 행위와 약제, 그리고 재료 하나하나에 가격(수가)이 정해져 있어서 그 행위의 양에 따라 비용을 지불하는 제도다. 물론 의사와 병원들은 행위별 수가제보다는 원가보다 낮은 의료수가가 자신들을 더 범죄자로 만들고 있다고 말할 테지만, 어떻든 이 행위별 수가제는 의료계가 돈을 더 벌기 위해 행위량을 늘리는 것의 제도적 원인으로 작동한다.

　감기로 병원을 가더라도 "이틀 있다 또 오세요"라는 말을 수도 없이 들어야 하는 이유다.

　그러나 더 중요한 것은 근본적으로 의료의 행위량을 통제할 수 없기 때문에 장기적으로 건강보험 재정은 한도 끝도 없이 늘어나는 행위량을 버티지 못 하고 파산하게 된다. 건강보험이 망가지면 국민들이야 말할 것도 없지만 의사들은 행복해질까? 아니다. 그때부터 의사들 역시 국

민들과 함께 헬조선을 경험하게 될 것이다,

병원은 이미 자본이니 둘째로 치더라도 개인사업자인 동네의원을 하는 의사들은 국민과 함께 제도를 만들어가는 동반자가 되어야 한다. 바로 의사협회가 할 일이다. 눈앞의 이익 때문에 자신들의 미래를 결정하는 국민들을 잃어버려서는 안 된다.

진료비 총액계약제나 인두제와 같은 지불제도의 변화를 자꾸 사회주의식 의료라고만 치부할 게 아니다. 국민과 손을 잡아라. 의사의 권위와 신뢰는 그때부터 시작된다.

의사들이 살 수 있는 유일한 길이다.

(2015. 10. 29, 데일리메디)

논산 대정요양병원 이야기

1.

오늘 아침 병원에 들어왔다. 병실이 없다 해서 기다렸다가 왔다. 뭐 일상적으로 상태가 별로인 내가 갑자기 뭔가 크게 나빠져서 온 건 아니니 걱정 안 해도 된다. 잘 안 들리고 보는 것도 시원찮고 호흡도 가빠진 거야 뭐 이제 일상이니.

논산 대정요양병원은 이래저래 좋은 병원이라고 이야기만 많이 들은 병원이다. 하지만 내가 직접 보고 판단하려고 이제사 소개해드리게 되었다.

일단 이 병원은 1612명의 기부로 만들어진 병원이라는 게 특이하다. 풀어서 이야기하면 딱히 주인이 없는 병원이라는 거다. 본래 주인 없는 가게는 직원들이 기계적으로 움직일 수도 있는데 이곳은 어떤지 궁금하기도 했다.

논산 대정요양병원은 너른 부지에 5층으로 올린 병원이

다. 개원한 지는 한 5년 정도 됐다. 너른 병원 부지와 5층으로 올린 건물에도 불구하고 병상 수는 143병상밖에 안된다. 시내 작은 건물 면적에 허가 기준을 간신히 맞춰 다닥다닥 만든 병원은 아니라는 이야기다.

이 병원은 병실이 모두 남쪽으로만 만들어져 있다. 그래서 보통 복도를 중심으로 양쪽에 있어야 할 병실이 한쪽에만 있다. 한쪽은 포기한 거다. 환자가 매일 햇볕과 만나는 것은 투병에 있어서 매우 중요한 것이라는 생각 때문에서다.

누가 이런 훌륭한 생각을 했을까? 이렇게 건물 한쪽 면에만 병실을 만들다보니 당연히 병실을 많이 만들 수 없었다. 원래 병원의 병상수는 매출과 직접적으로 닿는 지표이기 때문에 아주 중요하다. 큰 병원이 어떻게든 병실을 계속 늘리고 싶어하는 이유이기도 하다.
이런 면에서 이 병원은 애초부터 큰 수익을 남기는 구조를 포기하고 시작했다고 볼 수 있다.

단적으로 이야기하면 돈을 포기하고 가치를 선택했다고 할 수 있는데, 하지만 말이 좋아 철학이지, 돈을 포기하면 질이 떨어지고 엉망이 되지 않을까?

그러나 아이러니하게도 자본주의 사회에서는 돈을 포기하는 순간 사람이 보이기 시작한다는 것을 아는 분들은 안다. 애초에 의료라는 것이 사람의 몸과 생명을 다루는 분야여서 거기에 돈과 이윤이 끼어들어가서는 안 되는데, 다 그렇게 해서 돈을 버니 오히려 그렇지 않으면 이상한 눈초리로 쳐다본다.

모두가 존경하는 장기려 박사 같은 분이 이상한 거다. 그렇다고 이 병원이 그렇게 헌신한다는 것은 아니다. 퇴원할 때까지 더 뜯어봐야 한다.

점심 먹고 시설도 이리저리 왔다갔다하면서 다 둘러보았다. 하지만 돈으로 얼마든지 할 수 있는 시설이란 근본적으로 중요한 것은 아니다.

내가 오늘 이 병원에 와서 시설 말고 본 것이 하나 있다면 그것은, 밝음과 따뜻함이다. 볕이 들어오는 병실의 밝음과 따뜻함도 훌륭하지만, 일하는 분들의 태도와 얼굴에서 느끼는 밝음과 따뜻함이다.

사실 난 이것을 기본으로 친다. 이 기본이 진짜인지 아직 모른다. 내가 여기에 있는 동안 논산 대정요양병원 이야기를 한두 번 더 들려드릴 예정이다.

(2019. 11. 4. 페이스북)

2.

이제 내일이면 병원 온 지 5일 차다. 좀 무료하긴 하지만 전보다 더 기력이 회복된 것은 분명한 것 같다. 여러분들은 분명히 '그건 다 술을 안 먹었기 때문'이라고 말할 것이다. 뭐 일면 맞을 듯도 하다. 공기도 좋고 복잡한 거도 잊고 하니 그럴 수 있다.

하지만 이 병원이 주는 편안함도 한 항목에 끼워야 할 것 같다.

창원 희연병원이 삶에 대한 존경을 가치로 내걸고 환자를 묶지 않는 간호 간병 서비스와 욕창환자 발생률 제로를 끊임없는 노력으로 실현했다면, 여기 논산 대정병원은 배려와 소통을 병원의 철학으로 세우려고 노력한다.

그래서 따듯하고 편한지는 모르겠으나, 사실 병원은 평범하고 오히려 더 밋밋하기도 하다. 하지만 조용히 흐른다.

입원하면서 매운 음식은 아예 못 먹는다고 했더니 첫날 첫 식사만 빼고 지금까지 매운 음식이 올라온 적이 없다. 영양사가 와서 직접 묻고 상태를 체크해 갔다. 백김치도 노인들 먹기 좋게 잘게 잘게 썰어서 내온다. 내가 병원 있으면서 가장 식사를 맛있게, 그것도 매끼 주는 거 다 먹고 있는 것은 이곳이 처음이다. 살이 일이 킬로는 붙어서 갈 것 같다.

간호사들도 환자에게 친절하게 잘하지만 병실의 간병하는 남자 선생님이 훌륭하시다. 세세한 부분까지 신경 쓰면서 말도 잘 못 하는 환자들의 필요와 요구를 읽으려고 노력한다.

하지만 143병상에서 욕창환자가 일 년에 두세 명이 나온다 하니 간호간병에 더 노력을 기울여야 하겠다.

여기도 침대에 환자를 묶어놓지는 않는다. 다만 아직 두어 명의 환자에게 행동제어용 벙어리장갑을 사용한다. 그나마 이조차도 앞으로는 사용하지 않도록 더 노력할 것이라고 한다. 내게 이야기한 병원장의 의지다.

각 부서가 다 각기 열심으로 일하고 한결같이 밝다. 근데 이게 기본 아닌가? 그게 뭐 특별난 거라고. 그래서 이 병원은 어찌 보면 요란하게 내세울 게 없는 병원이다. 그러나 난 그게 더 마음에 와닿는다.

특정 오너도 없고, 내세울 것도 없는 조용한 병원. 하지만 나도 누군가의 도움이 필요할 때가 온다면 조용하고, 물 흐르듯 햇볕 드는 이런 병원에 있고 싶다.

(2019. 11. 7. 페이스북)

3.

오늘은 집에 가는 날이다. 벌써 열흘이 후딱 지나갔다. 전보다 기력이 좀 나아지고 말하는 게 좀 나아졌다는 건 염증과 가래가 그만큼 줄었다는 이야기겠지.

노인네들이 이 병원을 떠나서 집으로 가실 때 많이 서운해 한다고 한다. 어떤 분은 우시기도 하고. 그리고 한 번 왔다 가신 분들은 혹여 다시 입원을 하게 될 상황을 만나면 꼭 이 병원으로 보내달라고 자식들에게 신신당부한단다.

두 달 전, 어머니를 안산 본가 근처의 요양병원에 입원시켜드렸을 때, 어머니가 "여기 있으면 더 병이 날 것 같아. 빨리 퇴원하고 싶어" 하고 사정하듯 이야기하신 것과는 완전 딴판이다.

병원이 아무리 잘해 봐야 집보다 편하겠냐마는, 적어도 이곳이 집처럼 편한 병원은 맞다. 입원 수속을 하면서 환자의 실손보험 가입 여부를 묻지 않았던 유일한 병원이었다. 자기들이 필요하다고 생각하는 것만 하겠다는 거다.

병상가동률은 무려 90%에 이른다. 버스도 안 다니는 이

촌동네 논바닥에 지은 병원이라고 하기에는 기적적인 병상가동률이다. 와서 보면 아무것도 내세울 것이 없는 이 병원에는 무언가 흐르는 게 있다는 반증이기도 하다. 그저 조용하며 햇볕만 흘러들고 한적하기만 하다.

조금 전, 병실에서 폰으로 글을 쓰는데 병원장님이 누군가의 선물이라고 종이 가방을 하나 주셨다. 그저께 제 강연을 들었던 분들 중, 지금은 병원에서 자원봉사를 하는 전 직원 한 분이 제가 오늘 퇴원한다니까 제게 꼭 전해달라고 연잎차를 주고 가셨단다.

이렇게 따듯한 연잎차 같은 병원의 흐르는 햇볕을 두고 집에 간다. 좀 더 있으면 병이 낫지 않을까?

지금까지, 논산 대정요양병원 이야기였다.

(2019. 11. 13. 페이스북)

4부

실천과 투쟁 : 가치와 철학을 만들다

당사자 운동에 대한 단상
-장애인 운동과 환자 운동

당사자 운동이란 운동의 한 주체로서의 당사자를 지칭하는 포괄적인 용어다. 당사자 운동이라고 하면, 말 그대로 당사자들이 운동의 주체가 되는 것이지만, 당사자 운동은 운동의 모양을 말하는 것이지 계급계층운동의 하나를 지칭하는 것은 아니다.

당사자는 넓은 의미에서 '이해 당사자'를 의미하지만, 우리가 주목하는 것은 그중 한쪽인 피해 당사자들이다. 이 피해 당사자들은 사회 이슈에 따라, 또는 특정 제도의 결과로 소수 또는 다수로 넓게 분포되어 있다. 적게는 한두 명 또는 두세 명의 피해 당사자부터 많게는 전 국민이 당사자인 경우까지 그렇다.

사람들은 별다른 생각 없이 당사자의 이야기는 항상 옳다고 막연하게 생각하는 경향이 있다. 이는 오랫동안 당사자들의 의견을 수렴하지 않고 특정 이해집단들이 그들을 정책에서 배제시켜 왔기 때문이기도 하지만, 거부할 수 없는 현장의 목소리라는 인식이 더 큰 이유라고 할 수 있다.

하지만 제도나 정책이 당사자들의 문제를 풀어야 하는 것이 과제라면 당사자들의 의견을 수렴하는 것 또한 당연하고도 자연스러운 것이리라.

제도나 정책을 결정하는 것에서나 사회운동에 있어서 당사자들은 중요한 위치를 갖는다. 당사자들이 처한 상황과 조건은 문제의 시작이자 종결점이며, 당사자 자체는 운동의 동력이기도 하기 때문이다.

그래서 정책에서는 당사자들의 정책 참여가 활발하고, 사회운동에서는 당사자들을 매우 중요한 운동의 주체로 보고 당사자 운동을 이야기한다.

당사자들 역시 의견을 표출하고 정책에 참여하려는 의지가 예전보다 더 강력해졌다. 이는 자기들을 대변해줄 거라고 믿었던 전문가나 정치인들이 결국 자신들의 이해와 요구를 대변하지 않는 집단임을 깨달았기 때문이기도 하다.

이에 당사자들 스스로도 더 나아가 당사자주의 또는 당사자 주도 운동을 주장한다. 이것은 그동안 이루어져 왔던 사회적 배제의 반작용이기도 하지만, 운동의 과정에서 스스로 내적 운동력을 자각하고 있음을 반증하는 것이다.

아울러 시민운동 사회가 당사자 운동을 주요하게 보는 이유는 운동 동력으로서의 당사자가 갖는 전투성, 개혁성, 대중성을 중요하게 보기 때문이다.

하지만 당사자들의 주장이나 요구가 항상 참은 아니다. 사람들은 보통 경청하고 귀담아들어야 한다는 의미를, 별다른 조건 없이 의견을 수용해야 하는 것으로 쉽게 이해한다.

이런 인식이 사회적 합의라는 개념을 만나면서 당사자들의 사회적 발언은 예전보다 더 강해졌다. 정부는 이런 상황을 이용해서 아예 사회적 합의기구라는 것을 만들어 당사자들을 제도로 끌어들였고, 이로써 당사자들은 제도와 정책을 결정하는 데 있어서 당당히 한 표를 행사하는 주체로 목소리를 내게 되었다.

당사자는 상황과 현실에 근거한 어느 한쪽의 이해관계인이다. 따라서 대개 주관적 성향이 매우 강할 수밖에 없고, 그 주관성은 사회운동에 있어서 강력한 동력으로 표출된다.

장애인이 그렇고 환자들 역시 마찬가지다. 하지만 이 두 당사자 그룹은 존재방식에 있어서 차이를 갖는다.

이 두 집단은 우리나라만이 아니라 다른 나라의 사례에서도 마찬가지로 비슷하지만 각기 다른 운동의 방식과 모양으로 전개된다.

장애인 운동이 사회개혁의 동력으로 작동하는 반면에, 환자 운동은 기껏해야 공급과 소비의 시장 관계에서 환자 중심의 시장을 주장하거나 시장을 유지하는 역할을 하는 '착한 컨슈머(소비자) 운동'을 넘어서지 못 한다. 이에 일련의 소비자 운동이 그래왔듯이 환자 운동 역시 일시적으로 전투적일 수는 있으나 그 지속성을 담보하기 어려울 뿐더러 개혁성은 일정 수준에 이르면 내적 자기 한계를 넘어서지 못 한다.

이와 달리 장애인 운동은 가장 집단적이고, 전투적이며, 삶의 현장에서 오는 대중적 파급력을 갖는다. 언뜻 환자 운동도 마찬가지라고 볼 수 있지만 환자 운동은 장애인 운동과는 세 가지 면에서 차이점을 갖는다.

첫째, 장애인 운동은 공급자와 소비자라는 시장 관계로 묶여 있지 않다는 점이다. 그러나 환자 운동은 공급자인 병원, 의사, 제약사 등등의 시장 관계에서 결코 자유롭지 않다.

둘째, 고정된 장애는 운동의 지속가능성과 집단성을 높이는 반면에, 진행형인 질병은 조직의 지속 가능성과 전투성 그리고 집합성을 떨어뜨린다.

셋째, 환자는 장애인보다 자기 처지에 대한 객관성이 떨어지며 주관성은 상대적으로 훨씬 강하다. 장애는 모두 함께 극복할 수 있다지만 질병은 함께 극복할 수 없는, 오로지 환자 개인이 안고 갈 수밖에 없는 고통이기 때문이다. 이 질병의 고통이 크면 클수록 주관성은 커지고, 동력은 떨어진다.

이런 차이로 인해 전 세계 거의 대부분의 환자 운동은 정부, 병원, 의사나 제약사 등 기업의 방패 역할을 하든가 기껏 해봐야 돈을 지불하는 소비자로서 할 말도 하는 당당한 환자(소비자) 정도로 사회적 영향력을 갖는 것이 일반적이다.

현재 환자 운동은 여전히 양적 팽창 중이지만 예전과 달리 다른 조직적 움직임들이 만들어지고 있다.

2001년 글리벡 투쟁 이후 인터넷의 보급과 맞물려서 양적 팽창을 시작했고, 2010년 이후는 스마트폰과 SNS 확대와 함께 팽창 속도와 규모가 더 커졌다.

이에 환자 운동은 나름의 세를 결집해 환자단체연합회를 결성했지만 이는 장애인 운동의 초창기 역사 정도의 전철을 밟고 있다고 보면 된다.

　전국장애인차별철폐연대(전장연) 이전 장애인 운동의 역사는 양적 팽창의 시기로 운동의 질적 변화의 태동기이기도 하지만 한편으로는 관변 운동 단체화의 역사이기도 하다. 현재의 환자 운동 역시 마찬가지의 전철을 밟을 것이다.

　다만 안타까운 것은 위에 계속 언급한 것처럼 환자 운동은 장애인 운동과 달리 존재로부터의 운동적 자기 한계를 더욱 뚜렷하게 노정해나갈 수밖에 없다는 사실이다. 이는 환자 운동이 이동권 투쟁의 전장연과는 달리, 운동의 양적 축적 이후 필연적으로 나타날 질적 비약이 내적 한계로 인해 장애인 운동과는 다른 길을 걸을 것이라고 예상하게 한다.

　보건의료운동이 왜 환자 운동을 주체로 세우지 않고 시민 일반 대중이 주체가 되는 건강권 운동으로 발전해야 하는지, 그리고 시민 건강권 운동은 어떤 형태로 지속 가능한지 고민해 보아야 한다.

(2022. 5. 1. 페이스북)

당사자의 이상한 정책 참여

-건정심을 해체해야 한다!

앞서 '당사자 운동에 대한 단상'이라는 글에서 잠깐 언급했지만 당사자의 동력이자 운동적 한계는 당사자의 현실에 기인하는 강력한 주관성으로부터 나온다. 운동의 배타성이 강한 이유가 그에 연유한다.

따라서 당사자들의 현실과 상황은 스스로 정책에 대한 참여를 더 적극적으로 요구한다. 이런 요구는 상당 부분 긍정적이며 실제 유의미한 정책과 제도를 만들어내는 데 기여한다.

하지만 앞의 글에서도 지적했듯이 당사자들의 목소리가 항상 옳은 것만은 아니다. 이는 운동과정에서 숲속에 있는 그들을 숲 밖으로 나오게 해서 숲 전체를 보게 하는 데 실패하여 간간히 상황 판단의 오류로 나타나기도 하는데 결국 운동의 실패로 귀결되기도 한다.

권력자들은 이것을 적극적으로 활용한다. 가장 비근한 사례가 소위 '사회적 합의'라는 명분으로 당사자들을 제도의 틀로 끌어들이는 것이다.

이런 사례가 보건의료에서는 건강보험정책심의위원회(이하 건정심)라고 할 수 있다. 건정심은 건강보험법에 근거하는 법정위원회로서 건강보험의 수가를 의결하고, 약가를 최종 결정하며, 건강보험 운영의 중요 정책을 심의 의결하는 건강보험의 최고 의결기구이다.

이 건정심은 총 25명으로 구성되는데 공익위원 8명, 의료 공급자 대표 8명과 건강보험 가입자 대표 8명으로 구성되며 복지부 차관이 당연직 위원장을 맡게 되어 있다. 모양만 보면 공익(정부)이 중간에 서서 가입자와 공급자의 사회적 합의를 중재하고 도모하는 모양새지만, 이 구성은 사회적 합의가 아니라 정부가 사안에 따라 어떨 때는 공급자와 어떨 때는 가입자와 결탁해서 자신의 정책안을 표결로 관철시키는 통로에 불과하다. 그래서 항상 정부안은 관철되어왔다.

그러나 오늘 글은 정부의 행태를 이야기하고자 하는 건 아니고, 왜 이런 정책 결정을 하는 위원회에 이해 당사자인 공급자나 가입자가 끼어들어가 있어야 하는가를 이야기하고자 한다.

약가를 결정하고 제약 관련 건강보험 운영 기준을 정하

고 의결하는데 제약사를 대변하는 제약협회나 다국적제약협회가 들어가서 표를 행사하면 되겠는가? 자신들이 먹고 써야 할 약의 최종 결정을 환자단체가 들어가서 표결하면 되겠는가? 자기들이 받을 진료수가를 의사, 약사, 한의사, 치과의사가 들어가서 표결하면 되겠는가? 그것이 해당 이해관계 당사자들이 참여해서 표결권을 행사할 문제인가? 그것이 당사자들의 의견을 수렴하는 것인가?

하지만 현실은 이렇게 운영되고 있다.

이런 사례는 건강보험을 사회보험 방식으로 운영하는 나라에서는 찾아보기 어렵다. 유럽 대부분의 나라에서는 이런 결정을 하는 위원회에 가입자와 공급자 당사자들을 배제시키고 단지 공익 위원으로만 구성해서 운영하고 있다.

다만 위원회가 결정하기 전에 양쪽의 의견을 개진할 수 있는 통로를 열어두고 충분히 의견을 받고 이를 청취해서 결정에 반영한다.

하지만 건정심으로 인해 국민들의 건강보험료를 효과적으로 운영해야 할 책무를 지닌 우리나라 건강보험공단은 창고의 열쇠도 가지지 못 한 허울뿐인 창고지기가 되고 말았다.

그러면 건강보험에서는 가입자 당사자인 시민과 환자의 이야기를 어떻게 들어야 할까?

요약하면, 건강보험이 가입자위원회를 구성하고, 적극적인 가입자의 의견을 청취함과 아울러, 환자 당사자들의 참여를 다변화시키는 것이다. 종이호랑이에 불과한 건보 재정운영위를 없애고 시민과 환자의 참여를 실질적으로 확장해야 한다.

하지만 공단이나 정부는 국민들 돈을 지들 돈인양 생각하고 실질적인 정책 결정과정에서는 당사자인 시민과 환자를 배제하고 있다. 가입자의 권리라는 건 아예 생각도 없는 듯하다.

당사자인 환자의 이야기를 듣는 것은 현장의 문제를 해결하는 정책을 결정하고 제도를 만들어나가는 데에 매우 중요한 일이다. 당사자가 정부 정책의 들러리가 아니라 정말 목소리를 개진할 수 있는 구조가 필요한 것이다.

정말 시민과 환자의 이야기를 들어야 한다고 생각하는가?

그렇다면 건정심을 해체하고, 건보공단에 가입자위원회를 구성하라!

(2022. 5. 14. 페이스북)

보건의료 분야 전문가들에게
환자로서 부탁한다

15년 만에 이야기하는 건데, 내가 일하면서 가장 난감하고 어려웠을 때가 있었다.

그건 2001년, 글리벡 약가인하 투쟁을 시작한 지 한 일년여쯤 지났을 무렵이었다. 당시 나는 밖으로는 약가인하 투쟁을 하면서도 해당 다국적 제약회사인 노바티스의 한국 사장과 물밑에서 계속 약가협상을 진행하고 있었다.

한 서너 번 만났을 때였을까?

건강보험정책심의위원회에서 일차로 약가가 결정되기 며칠 전이었던 것으로 기억한다. 그 만남에서 노바티스사는 내게 자신들이 주장했던 한 알에 25,000원의 약값을 환자들이 인정해 주면 환자들이 내야 했던 30%의 본인부담금(당시에는 암환자들의 본인부담금이 30%였다. 그러나 이 투쟁으로 인해 이후 전국의 모든 암환자들의 본인부담금이 처음으로 20%로 떨어지게 된다) 전액을 자신들이 대납해 주어서 환자들은 본인부담금 없이 약을 평생 그냥 먹을 수 있도록 해주겠다고 제안했다.

약값이 한 달에 300만 원이었으니 30%면 한 달에 90만 원이다. 약을 기준치보다 더 먹어야 했던 중증 환자들은 한 달에 본인부담금만 135만이나 180만 원을 내야 했다. 그런데 이걸 제약회사가 대신 내주고 환자는 평생 약을 공짜로 먹게 해주겠다는 것이었다. 감당하기 어려운 치료비로 전전긍긍하며 살던 모든 환자에게는 가히 눈이 번쩍 뜨일 환상적인 제안이 아닐 수 없었다. 맨 앞에 서서 투쟁단을 이끌고 환우회를 만들었던 나는 그날 가장 어려운 상황을 맞이한 것이다.

'이 난감한 상황을 어찌할 것이냐…'

딱 한나절 고민했다. 그날 저녁 이 이야기를 환우회 게시판에 올렸다. 그리고 환우회 회원들의 의견을 물어봤다.
"우리가 지금까지 일 년 간 왜 싸웠는가 물어보자. 약값을 내리자고 싸웠는가? 아니면 약을 공짜로 먹자고 싸웠는가? 만약 약값을 인정해 주고 우리가 약을 공짜로 먹으면 그 약값은 누가 내는가? 국민들이 보험료로 비싼 약값을 내는 것이 아닌가? 그럼 국민들은 비싼 약값 내고 우리는 공짜로 먹고? 분명히 말하지만 난 그렇게는 못 한다.

만약 제약회사의 제안을 받자고 하시는 분이 있으면 환우회에서 나가시라. 나가서 따로 싸우시라."

본인부담금이 없는 약값 제안은 환자 당사자인 우리들에겐 어쩌면 거부할 수 없는 제안이었을지 모른다. 하지만 환자들은 그 제안을 뿌리치고 다시 투쟁에 돌입했다. 글리벡 투쟁이 세계 약가투쟁사에 하나의 역사로 기록되는 순간이었다.

외국인 노바티스 사장이 그후 내게 했던 말이 생생하다.
"당신들이 정말 환자단체가 맞습니까? 어떻게 환자들이 그 제안을 거부할 수 있다는 말입니까?"

백혈병 환자들의 글리벡 약가투쟁은 2001년 초반부터 2003년 초반까지 보건의료 정국의 중요한 사건이었다. 이 싸움으로 인해 처음으로 암환자들의 본인부담금이 20%로 낮아지면서 지금처럼 5%까지 낮아지는 중요한 계기를 만들게 되었다.

이후 인터넷이 발달되면서 각종 질환의 환우회가 급격히 늘기 시작했다. 그러니까 10년 전인, 2006년 조사할 때만 해도 온오프라인 다 합쳐서 환우회가 전국에 2천 개가 넘었으니 환자 당사자들의 활동이 양적으로 팽창하기 시작했던 것이다.

최근 2년, 꺼져가는 사람들의 마음에 작은 불씨나마 피울 수 있게 해주었던 힘은 전적으로 세월호 유가족들이었다.

또한 많은 사람들에게 끝없이 민족적 각성을 요구해 왔던 동력은 그 힘없고 노쇠한 위안부 할머니들이었다.

여기에 밀양 할매들의 투쟁은 어떠한가? 대추리 농민들과 강정마을 사람들은 또 어떠한가? 새만금 투쟁 때 부안 농어민들이 배를 타고 바다로 나가 횃불을 들고 해상 시위를 했던 것을 생각하면 아직도 가슴이 뭉클하다.

이 힘없는 분들이 그 당시 정국을 이끌었던 분들이다. 사회운동을 했던 사람들이 이분들을 끌어왔던 게 아니라 거꾸로 이분들이 사회운동을 하는 사람들을 끌고 정국을 만들어 나갔다.

그러면 이분들은 예전부터 우리도 모르게 사회운동을 위해 자신들을 갈고 닦았던 분들일까? 글쎄. 밀양 할매들이 마지막 빨치산 할매들인지는 모르겠다. 하지만 이분들이 생존권의 문제에 자신들의 목숨을 걸고 싸웠던 것만은 분명하다.

서두에 이야기한 글리벡 관련한 환자들 역시 그러했다.

위에 열거한 모든 사례에서도 볼 수 있지만 권력을 쥔 자들은 항상 온갖 이간질을 해댄다. 돈으로 매수하기도 하고 허위사실을 유포하기도 하며 공권력을 투입하여 강제로 진압하기도 한다. 그래서 사람들은 서로 반목하게 되고, 조직은 분열된다.

그러나 그런 와중에도 올곧이 그 상황을 뚫고 앞으로 나아가는 사람들이 있다. 이미 당사자이면서도 생존권의 문제를 넘어선 분들, 바로 이분들이 세상을 변화시키고 역사를 굴려 나가는 분들이다.

그러면 당사자들은 어떤 사람들일까?

당사자는 어떤 일에 대한 이해관계가 가장 직접적이고, 가장 크게 얽혀 있는 사람을 말한다. 일상적으로 환자 당사자, 장애 당사자, 피해 당사자 등등 주변에 많이 있다. 그래서 이 사람들의 목소리는 가장 강력하다. 그 사람들이 모여서 조직을 이루면 더 강력해진다. 하지만 이해관계의 외곽에 있는 사람들에게는 매우 배타적이고, 경계심이 강하다.

그러나 직접적인 이해 당사자이기 때문에 오히려 그 이해에 거꾸로 가장 약하다. 그래서 많은 경우 당사자들의 운동은 집단 이기주의의 한계를 적나라하게 보여준다. 당사자주의가 위험한 이유이고, 마찬가지로 노동운동에서 조합주의가 위험한 이유이기도 하다.

하지만 이런 토양은 종국적으로 건강한 당사자 운동을 잉태하는 조건들이 된다. 다시 말해서 당사자 활동의 양적 확산은 질적 변화의 전제조건이다.

사회운동하는 많은 분이 대중운동에 실패하는 여러 이유 중 하나는 거두절미하고, 어떤 개인과 조직과 집단을 특정 상황에서 바로 질적 변화를 시키려고 하는 욕심이 가장 크기 때문이다. 상대를 자기 틀 속에 맞추려는 주관적 프레임이 형성된다. 그래서 당사자들의 배타심과 경계심은 더 심해지고, 반대로 반대편의 당사자들은 이런 상황을 역이용해서 이들을 분리하고 조직을 와해시킨다.

개인과 집단의 질적 변화는 학습과 경험의 양적 확장 과정에서 특정 계기를 맞이하여 이뤄진다. 문제는 이때 누가 어떻게 변화의 불씨로 작용하는가에 달려 있다. 리더는 이런 상황에서 만들어지고 탄생된다.

환자 운동은 당사자 운동의 하나이며, 이제 기껏해야 양적 팽창을 하고 있는 수준이다. 장애인 운동과 비교하면 훨씬 더 초보적이다. 그 안에서 일하는 사람들의 능력이 초보적이라는 게 아니라 전체 당사자들의 인식수준과 조직화가 초보적이라는 이야기다.

현재의 환자 운동은 초보적인 소비자 운동의 범주를 벗어나지 않는다. 그래서 운동의 내용 역시 올바른 소비를 위한 소비자(환자)의 권리 확보와 이를 위한 제도개선 활동을 넘어서지 못 한다. 이제 시작이기 때문에 매우 당연한 것일지 모른다.

그러나 자본주의 시장 내에서의 일반 상품소비와 의료소비를 동일하게 바라본다면 환자 운동은 매우 큰 운동적 철학적 어려움에 봉착할 것이다. 환자가 자신을 소비자라 보고 이것을 소비와 공급의 상관관계에서 이해하고 문제해결의 답을 찾아나갈 때 결국 그것은 시장이 요구하는 공급과 소비의 프레임에서 한 발자국도 벗어나기가 어려워지기 때문이다.

이런 면에서 환자 운동에 대한 사회학적 고민이 이루어져야 할 텐데 주변의 상황은 아직 요원하다. 실제 이 운동이 지속가능한 운동인지 아닌지에 대한 판단도 아직 명료하지 않을뿐더러 운동주체로서의 환자에 대해서도 아직 다양한 형태의 시각으로 논의된 바도 없다.

그러나 이건 환자가 만들어야 할 과제들은 아니다. 소위 전문가들의 역할이다. 당사자들은 전문가들이 만든 논리에 숨과 생명력을 불어넣어 그것을 실천적으로 검증하고 종국적으로 완성해 나간다.

환자 운동에서도 그런 상호작용이 기대되는데 아직 그런 생각을 하는 사람이 한 명도 없는 것 같아 심히 안타깝다.

전문가라고 하시는 분들, 한두 명이라도 이쪽으로 역할 좀 분담해 주시라. 허구한 날 정책만 연구하지 말고 운동 주체에 대한 연구도 좀 하시라.

환자로서 부탁하는 것이다.

(2016. 3. 31. 라포르시안)

싸우지 않고 그냥 얻어지는 건 없다

-4·20 장애인의 날에

나는 시각장애인이다. 백혈병 판정을 받고 골수이식 후 대상포진이 오른쪽 눈까지 내려와서 결국 한쪽 눈의 시력이 거의 망가졌다. 그래서 장애인이 됐다.

그런데 백혈병이나 골수이식 받은 사람은 장애판정을 못 받는다. 다른 암환자 역시 마찬가지다. 우리나라에서는 장애를 '장애가 고정된 몸의 상태'로 보기 때문에 '진행되며 추후 상태를 가늠할 수 없는' 상태의 질병은 장애로 인정하지 않는 탓이다.

외국의 여러 나라가 이런 질병들을 '내부장애'로 보고 한시적으로 장애인정을 하는 것과는 다르다.

미국은 골수이식을 한 사람 모두에게 장애등급을 인정한다. 일단 골수이식 환자는 이전의 몸 상태로 복구되지 않는다고 보는 것이다.

특정 질병을 가진 사람들은 '일상적 삶을 스스로 영위하기가 어려운 경우'가 많다. 이렇게 다른 사회구성원과 마찬가지로 삶을 자력으로 해내기가 어려운 경우 이를 '한시적 장애'로 인정하고 사회가 이를 도와야 하는 관점은 매우 중요하다.

자꾸 외국의 예를 드는 게 마음에 안 들긴 하지만 덴마크는 외국에서 온 이민자를 한시적 장애인으로 인정한다. 언어가 안 통하기 때문에 사회에서 일상적 삶을 살기가 어렵다고 보고 이를 일시적 사회 장애로 보는 까닭이다.

그래서 최소한의 소통이 가능할 때까지 언어를 가르칠 사람과 조직을 붙여준다.

우리나라는 내부장애를 인정한 것이 오래되지 않았다. 예전에 신장환자들이 죽음으로 싸워서 얻은 결과로 신장 장애를 인정받은 것이 시작이었다. 그래 봐야 한두 개 질병에만 해당되니까 시작은 됐지만 거의 없다고 해도 과언이 아니다.

장애의 범위와 인정은 더 확대되어야 하지만 그건 그리 만만한 것이 아니다. 나처럼 한눈의 시력이 다 망가져 봐야 고작 장애 6급 판정을 받는다.

왜 이렇게 박하게 되었을까?

한마디로, 싸우지 않았기 때문이다. 그러나 중증 환자와 시각장애인들은 자기 문제의 사회적 해결을 위해 싸우기가 매우 어려운 집단이다.

하지만 그것은 조건일 뿐, 분명한 것은 싸우지 않고 얻어지는 건 아무것도 없다는 것! ─그것은 예나 지금이나 여전히 동일하다.

(2015. 4. 20. 페이스북)

나는 항상 그들이 부럽다
-장애인이동권투쟁의 활동가들을 지지하며

없이 살다보니 생활에 돈이 필요했을 뿐이지 돈 많이 번 사람들을 절절하게 부러워하진 않았다. 내가 비록 고등학교만 졸업했지만 고학벌을 가진 어떠한 사람들을 만나도 그들을 부러워하거나 선망하지 않았다. 특히 권력을 가지고 한자리하는 놈들을 만나면 난 오히려 더 뻣뻣해졌다. 그들은 내가 가야 할 길도 아니었고 넘어서야 할 사람들도 아니었기에 아예 그럴 생각 자체가 없었다.

난 돈 버는 것에는 젬병이며, 머리가 그닥 좋지 않아서 애초에 가방끈 긴 연구자나 학자가 될 수도 없었다. 그나마 잘하는 것 중 하나가 주제파악이라 언감생심 권력은 그 근처에도 눈길을 주지 않았다. 다 내가 갈 길이 아니었던 게다.

하지만 살면서 여전히 부러운 사람들이 있다. 그는 장애인이동권 투쟁을 20년째 하고 있는 박경석 활동가와 박옥순 활동가다.

나는 그들에게 야학 교장이니, 어디 대표니 사무총장이니 하는 직함보다 활동가라고 부르는 게 가장 적합하다고 생각한다.

그렇다. 그들은 활동가다. 그들의 활동으로 인해 우리나라 장애인 운동은 그야말로 질적 도약을 이뤄냈다. 그들의 투쟁으로 인해 골방에 처박혀 있던 장애인들이 세상으로 나오기 시작했으며, 수많은 장애인들이 세상으로 나와 전철과 버스를 타기 시작했다.

그들이 휠체어를 타고 나왔을 때 사람들은 "병신××들이 집에나 처박혀 있지, 왜 나와서 저 지랄들이야"라고 쌍욕을 해댔지만 그들은 지금 그 휠체어 장애인들이 도로를 막아서서 만들어 놓은 저상버스를 탄다.

쇠사슬을 몸에 묶고 철로에 떨어지며 싸운 대가로 만들어낸 지하철 엘리베이터 앞에 줄을 서서 타지만 누구 때문에 누구에 의해서 그게 만들어졌는지 사람들은 관심 없다. 어쨌든 세상은 그들에 의해 한걸음 또 나아갔다.

그러나 그들은 여전히 같은 자리에서 오늘도 싸운다. 지금도 사람들은 "저 병신××들 때문에 아침 출근길 늦는다"고 쌍욕을 해대고, 홈페이지 게시판에는 "밤길 조심해라, 니들 삼대가 병신일 거다" 등등 입에 담기 어려운 온갖 저주를 퍼부어도 그들은 여전히 그 자리에 묵묵히 있다.

　그들은 2001년 장애인이동권투쟁을 시작했고, 나는 글리벡 약가투쟁을 시작했다. 2002년 말, 인권위가 만들어진 이후, 그들이 첫 번째로, 내가 두 번째로 국가인권위원회 점거 농성을 했다.

　그리고 20년이 흘렀다. 하지만 그와 나는 세상에 다른 결과들을 낳았다. 그동안 그들에 의해 장애인 투쟁은 하나의 전투부대가 만들어졌고, 나는 죽어가는 고목나무가 됐다는 것이다.

　그래서 나는 항상 그들이 부러웠다. 대중운동을 지향하는 한 명의 활동가로서 그들이 부러운 이유다.

　그들이 쏘아올린 신호탄을 보고 휠체어를 끌고 전진하는 깃발 부대가 내겐 감동이고 부럽다.

　세상과 사람을 바꾸는 그들이 부럽다. 그들이 다시 420 이동권 투쟁을 시작한다.

(2022. 3. 25. 페이스북)

끽소리도 못 내고 죽어가는 사람들

-우리는 그들의 이야기를 들어야 한다

이동권 투쟁에 불이 붙고, 장애인이동권 문제가 전 국민적인 이슈로 떠올랐지만 어찌 보면 지금 투쟁 주체인 지체장애인들은 당사자들 중 오히려 그나마 상황이 나은 축에 속할지 모른다. 저렇게 대오를 형성해서 기어가며 싸움이라도 할 수 있으니 말이다.

하지만 우리 사회에서는 차별과 혐오로 배제된 당사자들이 비단 지체장애 등 우리 눈에 보이는 장애인만이 아니다. 오히려 장애와 질병을 같이 갖고 있는 환자들은 아예 눈에 보이지도 않는다. 밖으로 나오기도 어려워 대부분 집에 있기 때문이다.

이 사람들은 그야말로 끽소리도 못 내고 죽든가 숨죽이고 있든가 둘 중 하나로 산다. 이 사람들에게는 차별과 배제만이 아니라 혐오와 사회적 낙인이 천형과도 같은 굴레로 씌워져 있다.

정신질환 같은 경우는 이미 차별을 넘어서 혐오와 낙인이 형벌처럼 찍힌 지 오래됐고, 질병별로 환자도 몇 명 안 되는 소수의 각종 희귀난치질환자들은 아예 소리도 못 내고 죽어간다.

차별과 낙인의 상징처럼 여겨져온 각종 감염병 환자들은 어떠한가? 그들은 사회적 낙인으로 취업은 고사하고 아예 얼굴도 드러내지 못 하고 살고 있다.

모두 차별과 배제, 혐오와 낙인이 이중 삼중으로 사람다운 삶을 가로막고 있는 것이다.

우리나라에서 질병이 장애로 인정받을 수 있게 된 최초의 싸움은 신장질환자들의 투쟁이었다. 나 역시 이전의 선배 환자들 덕에 올해 신장환자로서 장애인정을 받을 수 있었다.

이것을 계기로 몇몇 질환들이 장애 인정 기준으로 들어오기 시작했지만 우리나라는 여전히 장애와 질병을 구분하여 분리 관리하는 것이 일반적이다.

나 같은 경우, 신장장애는 장애로 인정해 주지만, 내부장애 기준을 적용하는 외국과 달리 골수 이식한 환자로서의 장애는 인정받지 못 한다. 장애는 장애고 질병은 질병이라는 것이다.

해당 환자가 다른 사람과 동일하게 사회생활을 할 수 있는지 없는지 여부가 기준이 되는 것이 아니다.

장애와 질병은 같은 바구니에 들어 있는, 다른 모양의 같은 알이다. 이 둘을 함께 가지고 있는 이들은 여전히 소리도 못 내고 죽어간다. 밖으로 나오지도 못 하고 의견을 집단적으로 표출하지도 못 한다.

그렇기에 우리 사회는 이들의 이야기를 더 듣기 위해 다양한 노력을 해야 한다. 이동권보다도 생명권이 더 절실한 이들의 소리도 없이 살려달라는 아우성을 이 사회가 언제쯤에나 듣고 답을 할 수 있을까?

이동권 투쟁은 이 사회의 귀를 열어주는 투쟁이다. 그래서 더욱 소중하다.

(2022. 4. 23. 페이스북)

당신들의 투쟁에 경의를 표한다

전철에서 내리면 노인들이 엘리베이터 앞에 줄을 서 있다. 그들은 자기들이 매일 이용하는 엘리베이터가 누구에 의해 어떻게 만들어졌는지 모른다.

정작 그들은 장애인들이 온몸에 쇠사슬을 감고 휠체어에 앉은 채로 전철 선로에 떨어져서 선로를 기어가며 싸웠을 때, 온갖 욕을 했던 분들이다.

사람들이 버스를 타지만 버스 계단을 밟지 않고 바로 인도로 연결되는 저상버스가 언제부터 누구에 의해 도입되었는지 사람들은 잘 모른다.

그들은 도로를 점거해서 길이 막히니 "집구석에나 처박혀 있지, 왜 나와서 저 지랄들이야?" 하며 장애인들을 향해 욕을 해댔던 분들이다.

아직도 부족하지만 20년 걸려서 이렇게 사회를 변화시켜왔다. 누가 이 같은 지난한 싸움을 했을까?

바로 욕먹으면서 싸워온 활동가들에 의해서다.

하지만 그들은 지금도 여전히 싸운다. 이들이 오늘은 그 싸움터를 구치소로 택했다. 벌금 대신 노역을 하러 가는 것이다. 하지만 이들은 구치소에서조차 장애인 활동보조인 배치를 요구하며 싸울 것이다.

모두 십시일반 함께 해주시라. 그래서 그들이 혼자가 아니라는 것을 보여 주시라.

당신들의 투쟁에 감사와 경의를 표한다.

(2021. 3. 19. 페이스북)

대중운동의 외유내강
-운동의 연대에 대하여

사회운동에서의 연대는 보통 내가 힘이 없거나 명분을 필요로 할 때 한다. 그래서 연대를 잘 못 하면 명분도 잃어 버리고 조직이 치명상을 입기도 한다.

같은 동네 내의 연대는 항상 있어 왔고 자연스러운 일이지만, 그 담장을 넘어서는 연대는 왠지 어색하고 불안하며 찜찜하다. 담장 밖이란 가치와 지향이 다른 동네이고, 그 동네에는 아예 우리 동네와는 생각이 다른 인간들이 많다는 이유 때문일 것이다.

이 불안감과 찜찜함이란 상대에 대한 신뢰가 바닥임을 반증하는 것이다. 이렇게 전혀 다른 동네하고 연대하는 것에 드는 불안감은 결과적으로 뒤통수나 맞고 쓸데없이 남 좋은 일만 시키는 것으로 끝나는 게 아닌가 하는 생각 때문에서이다.

나는 현재 이익단체인 간호협회와 연대하고 있다. 지금 간호법을 주도적으로 추진하고 있는 단체가 간호협회다.

하지만 이 간호협회는 어떤 조직인가? 얼마 전 글에서도 언급했지만 간호협회는 돌봄 전문가로서의 자기 책무를 망각하고 지금까지 자신들의 이익만 좇아 살아온 단체다. 간호조무사협회가 의사협회의 2중대 역할을 하고 있다면, 간호협회는 그간 병원협회의 2중대 역할을 하며 살았다고 해도 과언이 아니다.

병원 경영자에 충실히 봉사하는 수간호사들이 회비 걷어주면 빨대 꽂고 지냈고 간협의 조직 리더들은 그간 전국의 병원 경영에 적극 협조하며 같이 잘들 살았다. 간호업무는 일선 간호사들의 뼈를 갈아 넣는 헌신으로 유지되어 왔을 뿐, 협회의 리더들은 국민들과 환자가 어떤 고통 속에 처해 있는지 되돌아보지 않았다.

이런 조직이 간호법을 추진하고 나 같은 사람이 거기에 동조하며 찬성한다. 바야흐로 연대를 하고 있는 것이다.

그러면 여기서 연대는 어떤 지점에서 이루어지는가?
협회의 이익과 국민들과의 공통분모로 형성된 지점일 게다. 다만 그것이 명분과 가치를 훼손하는 것이 아니라면 바로 연대가 가능한 지점이다. 이걸 통해서 말마따나 수십 년 일도 안 해온 조직이 사회적으로 명분을 얻고 이익단체가 더 힘을 얻으며, 수많은 간호사 회원들에게는 큰소리를 뻥뻥 칠 수 있게 될지도 모른다.

하지만 그런 이유가 연대를 하고 말고의 기준이 돼서는 안 된다. 간호법은 적어도 51% 이상 간호사와 국민들에게 유용하다.

바로 내가 연대하는 이유다.

나는 가치와 명분과 지향을 훼손하지 않는다면 누구와도 연대할 수 있다. 내가 만약 의협 회장이라면 나는 강주성과 연대해서 간병 문제를 들고 정부와 대립각을 세울 것이다. 간병 문제는 의협에 아무런 해가 없는 어젠다이고 전 국민이 쌍수를 들고 환영할 일임에도 의협은 아예 관심도 없다.

왜 그럴까? 눈앞의 이익보다 순위가 떨어진다고 보기 때문이다. 허구한 날 돈만 쳐다보고 있으니까 정치적 대중 감각이 점점 떨어지는 것이다.

연대할 상대가 찜찜하고 불안한가?

난 그보다 가치와 철학의 중심을 세우지 못 하고 혹여 쓰러질까봐 노심초사하는 당신이 더 불안하다.

자신을 믿어라. 대중운동은 연대의 폭을 확장해야 할 때가 많다. 특히 지금처럼 대중운동이 쇠락한 때는 외유내강이 더 필요한 때다.

외유, 연대의 폭을 넓히고, 내강 즉, 철학과 가치를 바로 세우는 것이 필요하다.

(2022. 5. 16. 페이스북)

이 망할 놈의 전문가주의!

아주 오랫동안 보건의료운동은 제도적으로도 그렇고 의학적으로도 매우 전문적이라 전문가 운동의 영역으로 지내왔었다. 나도 그렇게 생각했었다.

내가 글리벡 투쟁을 시작할 당시만 하더라도 이 운동은 전문가인 의사(치과의사 한의사 포함하여)와 약사들 그리고 역시 전문가들인 간호사들이 주축인 보건의료 노조를 축으로 움직이고 있었다.

그나마 글리벡 투쟁 이후 환자들의 움직임이 많아지면서 비전문가인 환자가 이제 전문가들이 노는 영역에 빼꼼 얼굴을 들이민 정도이다.

항상 해왔던 말이지만, 의료에서 환자와 의사의 관계가 수평적이지 않고 수직적으로 관계되는 가장 중요한 이유를 보통 '정보의 비대칭성'이란 말로 표현한다. 간단히 말하면 각종 정보가 어느 한쪽에 쏠려 있음으로 해서 갑과 을의 관계가 자연스럽게 수직적으로 형성된다는 것이다.

법조계가 그렇고 교육계가 그러하며 그중에서 의료계는

그 정도가 가장 심하다. 이런 곳에서는 이상하게도 돈을 지불하는 소비자가 갑이 되는 게 아니라 을이 된다.(돈을 더 많이 내면 낼수록 을이 된다. 의료의 경우 그건 아주 중한 질병이라는 소리일 테니까.)

그래서 이런 정보의 불균형을 그나마 줄이자고 해서 만든 게 '환자에 대한 의료인의 고지의무'이고 이런저런 것을 통틀어서 이것을 '환자의 알권리'라고 말한다. 하지만 그렇다고 해서 환자들이 전문가 수준의 정보를 이해할 수 있을까? 현재로서는 사실 턱도 없는 일이다.

"우리는요 당신들이 이야기하고 설명해 주는 말도 잘 못 알아듣거든요."

"진료비 세부내역서를 떼어도 그게 뭐가 뭔지 모르거든요."

이게 예전이나 지금이나 환자의 모습이 아닌가 말이다.

어느 영역이든 그렇듯이 전문가들의 정보와 지식은 그 자체가 밥그릇으로 인식되어 왔다. 그들이 가지고 있는 정보와 지식이 보편화된다는 것은 그만큼 전문가로서의 사회적 포지션이 자꾸 약화되어 간다는 의미다. 그래서 전문가 집단은 일반적으로 지식과 정보를 자체 내에서만 유통하고 공유하려고 하는 성향을 가지고 있다.

이렇듯 정보와 지식의 공유를 가급적 허용하지 않는 것이 기본적인 분위기이지만 인터넷의 발달은 전문적인 정보와 지식을 보편화시켜 버렸다.

그래서 이전보다는 훨씬 더 정보와 지식의 공유가 확장되었다지만, 의료는 어떤 분야보다도 오랫동안 전문가 영역을 공고화하여 일반 사람들의 진입이 쉽지 않았다.

그러나 위의 전문가 집단이 자신들의 시장을 공고히 하고 사회적 포지션을 지키려고 하는 것이야 다 밥그릇 문제라고 치자. 하지만 시장적 가치를 지양하고 집단적인 삶의 행태를 가치로 하는 사회운동 내의 정보와 지식의 전달 체계는 어떠한가?

한마디로, 정도의 차이는 있을지언정 나는 근본적으로 '다르지 않다'고 본다. 나는 개인적으로 모든 사회운동이 대중운동의 영역으로 확장되지 않는 이유 중의 하나를 전문가주의의 고착화에 있다고 생각한다.

이 전문가주의는 모든 사회운동 영역에 포진해 있다. 아, 혹시라도 염려스러워서 이야기하는 것이지만 전문가를 배척하거나 멀리해야 한다는 뜻이 아님을 먼저 분명히 밝혀 둔다. 누구나 특정 분야의 일에 대해 철학을 기초로 한 전문적인 지식과 능력을 가진 전문가가 되고자 끊임없이 노력해야 하는 것은 너무나 당연한 일이기 때문이다.

각설하고, 전문가의 역할은 전문적인 지식과 정보들을 비전문가인 대중들이 먹고 체하지 않게 정리해 주는 일을 하는 것이다. 이유식을 먹이다가 죽을 먹게 하고 점점 일반식을 먹게 하는 것, 다시 말하면 전문적인 정보와 지식을 대중들에게 확산시키고 대중들 스스로가 그것을 자신의 것으로 만들어내는 능력을 갖도록 하는 것이다. 그래서 종국적으로는 전문가와 대중의 전문적 격차를 줄여나가는 역할을 해야 한다.

이로써 대중은 전문가가 되며, 운동은 대중운동이 된다. 이 과정에서 운동의 내용이 훨씬 더 성숙해짐은 말할 필요도 없다.

조직의 수준도 그 조직을 이루고 있는 개개인도 모두 발전한다. 리더는 이 과정에서 신뢰와 실천이 확인된 전문가 중의 어떤 사람 또는 전문가 수준으로 성장한 실천적인 대중 속의 어떤 사람이 될 것이다.

문제는 전문가의 이러한 사회적 역할—정보와 지식을 쉽게 정리해 내어주는—이 잘 안 보인다는 것에 있다.

이렇게 역할이 부재한 상태에서 대개의 경우 전문가 집단은 오히려 시장 내에서의 전문가 집단과 마찬가지로 실천력과 철학이 검증되지 않은 채로 자신들의 정보와 지식을 도구삼아 대중들의 앞에 서 있게 된다.

그 결과로 전문가와 일반 대중들의 관계는 알게 모르게 수직화되고, 많은 경우 운동의 헤게모니는 오랜 세월 전문가 집단이 독식하다시피 하게 되었다.

이렇게 전문가주의 내지 전문가가 운동의 전 흐름에 가장 광범위하게 포진되어 있는 곳이 보건의료운동이다. 뭐 다른 운동 분야도 마찬가지이지만.

이렇게 되는 이유는 두 가지가 있다. 하나는 이미 위에 이야기한 바와 같이 전문가들의 자기 존재와 사회적 역할에 대한 이해가 부족하다는 것이고, 또 하나는 전문가들의 대중운동에 대한 이해가 척박하다는 것이다.

그래서 특정한 이슈와 계기를 통해서 대중이 전진하더라도 대중들은 많은 경우 특정 전문가들의 사회적 지위와 운동의 헤게모니를 공고히해 주는 역할을 할 뿐이다. 대중은 아주 특별한 경우가 아니면 그 속에서 리더가 되기 어렵다. 곳곳에 포진한 전문가들이 대부분의 대중들은 인식도 잘하지 못 하는 성장 진입장벽을 만들어 놓았기 때문이다.

내가 얼마 전에 보건의료 내의 전문가들을 향해 허구한

날 정책만 연구하지 말고 운동주체에 대한 연구도 좀 하시라고 했었다. 그런데 이게 잘 안 되는 건 위의 두 가지 이유 때문이다.

우스갯소리로 정치를 가장 잘하려면 모든 정치학 박사와 교수들을 데려다가 정치를 시키면 되겠지만 현실에서 그렇게 했다가는 나라 말아먹기 십상이다.

그런데 안타깝게도 현실은 전문가들이 각각의 분야에서 자신의 위치와 역할을 공고히 해놓았다. 이 사람들이 대부분 다시 정치판으로 진입했고 그래서 정치판 역시 대중운동 속에서 걸러지지 못 한 의심스러운 전문가들로 가득하다.

이러다 보니 사람들은 전문가들이 모든 집단의 꼭대기에 위치하는 것을 당연시하게 되었고, 게다가 자녀들에게도 전문가가 되라고 가르치고 있다.

이렇듯 우리 안의 전문가주의는 자본주의 시장의 논리만큼이나 사상적으로 뿌리가 깊다.

그러나 모든 운동은 대중운동이며 전문가 운동이란 없다. 단지 전문적인 지식과 전문가들의 사회적 역할이 존재할 뿐이다.

정말 모든 권력이 국민으로부터 나오는가? 혹시 말은

그렇게 하지만 사실은 전문가로부터 권력이 나온다고 생각하는 건 아닌가? 그러면 사회에서 소위 한자리한다는 당신의 머릿속부터 먼저 뒤집어버려야 할 것이다.

　우리 안의 이 망할 놈의 전문가주의를 극복해야 세상이 변한다.

(2017. 4. 4. 페이스북)

자신이 진보라고 착각하는 분들

평소에 '어? 생각이 남다르네?' 또는 '상당히 진보적인 의사네?'라고 생각했던 사람들도 막상 간호법이나 최근의 서울아산병원 간호사 사망 사건에 대한 입장을 살펴보면 이미 자기 존재 방식으로부터 만들어진 의식을 뛰어넘기가 정말 매우 어려운 것이구나라는 생각이 든다.

간호법에 대해서 시민사회 단체가 모두 침묵하고 있는 것은 이미 제법 된 일이지만 이 문제에 대해서는 그나마 진보적이라는 의사들도 결국 보수적인 의사 집단의 한계를 벗어나지 못 하고 있다. 이는 일을 하면서 의사-간호사라는 직종 간의 관계에 대해서 한 번도 진지하게 생각해 본 적이 없기 때문이다(뭐 이건 간호사도 마찬가지지만).

보건학을 공부한 분들도 그리 다르지 않았다. 모두 현실의 의료제도와 환경에서 그렇고 그렇게 오랫동안 먹고살며 지내오면서 사상적으로 체화되었기 때문이다. 깨지기가 매우 어려운 문제라는 것을 의미하기도 하는 것이다.

나만 하더라도 내가 간호법에 관한 글쓰기를 한 이후부터 페친이었던 여러 의사의 모습이 보이지 않고 관계가 멀어졌다. 내 글이 부담스럽거나 자신의 생각에 부합되지 않기 때문일 것이다.

서울아산병원 간호사 사망 사건도 시스템의 문제보다 필수의료에 대한 정부 지원의 부재와 낮은 수가 등 현상을 본질로 착각하고 글을 쓰기도 한다.

최근 사건 이후, 분당서울대 병원의 모 의사 글은 잔잔히 사람들의 정서에 호소하지만 내용을 자세히 살펴보면 결국 수가의 문제를 이야기하는 것에 지나지 않다는 것을 알 수 있다. 답답하다.

최근 간호협회에도 어떤 간호사들은 왜 아산병원 사망 사건을 간호사의 과로사 문제가 아니라 쓸데없이 의사 인력 부족 때문이라고 이야기하냐고 항의하는 사람이 있다고 한다. 뭔 이야기를 하고자 하는지는 알겠는데 직설적으로 말하면 이런 주장과 행태는 결국 간호사의 사망 원인을 은폐하는 해악적인 행위라고밖에 볼 수 없다.

이런 걸 보면, 좋고 성실하다는 것과 철학과 관점이 올바르다는 것은 다른 문제라고 생각된다.

서울아산병원 간호사 사망 사건은 매우 중차대한 문제다. 이 사건은 급기야 집도 아니고 병원에서 쓰러져도 죽을 수 있다는 것을 보여준 것이고, 우리나라에서 제일 큰 병원에조차도 온전한 응급상황 대처가 안 된다는 것을 의미하며, 근본적으로 의료 인력의 문제는 이제 국민의 생명을 위협하는 지경에까지 이르렀다는 것을 보여주기 때문이다.

이는 수가를 올려준다고 해결되는 문제가 결코 아니라는 것을 말해 준다. 이미 병원은 배가 터질 정도로 돈을 벌고 있다. 이 돈으로 여기저기에 분원을 만든다.

이에 의협의 의사들은 병원에 고용된 사람이거나 개원을 한 자영업자들임에도 불구하고 의사 고용을 안 하거나 돈이 되는 쪽만 투자하는 병원의 행태에 대해서 항의하며 싸워야 할 텐데 이분들은 자신들이 곧 병원 그 자체인 것으로 착각하는 것 같다.

사람의 사상은 본질적인 문제가 터질 때 눈 녹은 땅이 드러나듯이 드러난다. 간호법이나 서울아산병원 사건은 본질을 건드리는 사안들이고 이에 얽혀 있는 사람들의 속내에 깔려 있는 사상이 어떤 것인가를 드러내 보여준다.

일을 하면 할수록, 파고들면 파고들수록 입장이 더 분명해진다.

(2022. 8. 13. 페이스북)

배운 놈들의 자기합리화는 훨씬 더 교묘하다

시민단체 활동을 하다 보면 여러 부류의 사람을 많이 만나게 된다. 특히 나처럼 이해관계가 복잡하게 얽혀 있는 보건의료 분야에서는 만나는 사람들이 훨씬 더 다양하다. 제약회사나 병원을 운영하는 사람부터 국회의원, 관계 공무원, 의사, 간호사, 간호조무사, 사회복지사, 물리치료사, 작업치료사, 요양보호사, 각종 상담사, 그리고 쪽방에 사는 독거노인과 각종 질병의 환자까지 실로 이해관계가 모두 다른 다양한 사람을 만나게 된다.

그저 한 번 만나고 스쳐가는 사람이 대부분이지만 그 와중에도 일을 같이 하거나 일 때문에 계속 만남을 유지하는 경우도 많다.

하지만 정작 믿음으로 만나는 사람이 많지 않은 것은 비단 나뿐만은 아닐 것이다.

사실 사람은 오래 많이 만난다고 그 신뢰가 두터워지는 것은 아니다. 단 한 번을 만나더라도 신뢰가 생길 수 있으며 거꾸로 골백번을 만나도 결국 관계가 깨지는 경우도 허다하기 때문이다.

그럼 나는 어떤 사람을 믿는가? 한마디로, 말하면 '자기 것(기득권)을 포기하는 사람'이다.

일반적인 사람은 자기 것을 포기하기가 쉽지 않다. 게다가 그것이 '이미 가지고 있는 것'이거나 '분명히 가질 수 있는 것'일 때는 더 쉽지가 않다.

사상은 이것을 포기해야 할 상황을 맞닥뜨릴 때 드러난다. 하지만 그 순간에 작동되는 것은 대부분 기득권의 포기가 아니라 '자기합리화'다. 자기합리화는 항상 선택의 순간에 너울거린다. 배운 놈이든 못 배운 놈이든 마찬가지다.

오히려 배운 놈이 더 교묘하게 합리화를 위장한다. 그게 시민운동이 됐든 정치를 하든, 하다못해 조그만 단체를 운영하든 어떤 일이든 한 분야에서 오래 일을 하다 보면 소위 속된 말로, 자기 영역을 구축하게 된다.

이때 이와 함께 만들어지는 것이 크고 작은 권력이다. 하지만 대부분의 사람들은 그것도 권력이라고 그것을 유지하고 더 키우기 위해 안간힘을 쓴다.

그런 자기합리화는 일반적으로 '욕망'을 기반으로 한다.

그것이 권력이 됐든 돈이 됐든 마찬가지다.

　그런데 많은 경우 스스로 그런 사실을 잘 인지하지 못한다. 외부의 다른 사람들은 이미 느끼고 생각하고 있는데도 정작 본인은 잘 모르는 경우가 많다.

　그래서 '뒤돌아봄'은 자꾸 자신을 보게 해줌으로써 욕망과 자기합리화로부터 자신을 구해주는 삶의 거울이다. 그 사람의 지위나 나이는 아무 상관 없다. 움켜쥐고 있다고 보이는 사람은 아니다.

　거꾸로, 손에 쥔 것을 버리는 사람을 믿어라.

(2019. 1. 20. 페이스북)

세계관이 없는 리더가
운동에서 가장 위험한 인물이다

어디다 써먹으려고 그깟 돈도 안 되는 철학을 공부하나 싶었다. 그런 것 공부해 봐야 머릿속만 복잡해지지, 하등 내 생활에 어떤 의미와 영향이 있는 건지 몰랐다. 그거 공부해서 가장 잘돼 봐야 철학과 교수이고 그외의 사람은 어떻게 입에 풀칠이나 하고 사는지 걱정이 될 정도였으니 철학공부라는 건 애당초 이상한 사람들이나 하는 것이었다.

하지만 이런 내게 기존의 사고 체계를 뒤집어엎고 세상을 보고 해석하는 시각을 재정립하게 만든 게 아이러니하게도 바로 철학이었다.

85년 전두환 정권에서 전후방과 철책선을 오갔던 그 지옥 같았던 군대를 제대한 뒤 푸르른 20대 ―그때 말이다.

사람들은 누구나 살면서 잘 변하지 않는 자신만의 원칙이나 생각을 가지기 마련이다.

어떤 사람들은 이것을 개똥철학이라 부르기도 하지만 개똥에 비유할 만큼 사소하거나 값어치가 없는 건 아니다. 그게 타인의 의견과 상충될 때 아집과 독선으로도 나타나지만 평생 한글도 못 읽고 당신 이름조차 쓰지 못 하셨던 나의 아버지도 당신의 삶을 살아오게 했던 원동력이 바로 그 개똥철학일지도 모르기 때문이다.

하지만 철학은 학문이다. 세계관이나 인생관을 연구하는 것이다.

어떤 개인이 세계관을 정립하면 그것은 학문이 아닌 그의 사상이 된다. 세계관은 글자 그대로 세계를 바라보는 관점이지만 이것이 확립되면 거꾸로 세계관은 삶의 내용과 형식을 채우는 무기로 작용한다.

그래서 세계관에 대한 끝없는 탐구와 학습은 자신의 삶을 보다 더 정교하게 가다듬는 것으로 귀결된다. 그래서 철학은 세계관을 확립하는 학문이다.

나의 철학적 세계관은 변증법적 유물론이다. 세상이 어느 땐데 그 낡디낡은 것을 아직도 껴안고 있냐고 하겠지만 4차혁명이 시작된다는 이 시대에도 난 여전히 그렇다.

젊은 날 80년대를 살아온 사람이라면 한 번쯤 관련 서적을 펼쳐봤을지 모르겠다. 하지만 난 서양철학만을 나의 세계관으로 받아들였지 동양철학적 세계관은 제대로 공부하지는 못 했다. 부끄러운 일이다. 당시 사회적 분위기를 핑계로 갖다 대더라도 그렇다.

그러나 전후야 어떻든 난 특정 세계관을 가지고 있다.

유물론의 관점인 1. 세상은 물질로 되어 있다. 2. 물질은 변화한다. 3. 그 변화의 원인은 내부의 모순이다. 이 세 가지를 깨닫는 데 무려 골방에서 십여 일이 걸렸지만 이것이 사적 유물론과 결합한 그 어느 날, 난 온전히 내 머릿속에서 새로운 사고체계가 만들어지고 있다는 걸 느꼈다.

하지만 난 여전히 변증법적 유물론을 실천적인 사상으로 받아들이지는 못 했다. 자본주의 사회에 살면서 여전히 때 묻은 관념론적 유물론자일 뿐인 것이다. 아니 그보다도 더 못한 상태일 수도 있겠다.

운동은 세상을 변화시키고자 하는 활동이다.

활동을 하다보면 여러 형태의 리더들을 본다. 리더가 지녀야 할 덕목은 정의감, 실천력, 겸손 등등 여러 가지가 있겠지만 정말 중요한 것을 하나 꼽으라면, 나는 철학적 세계관의 유무를 꼽을 것이다.

노조가 조합주의로 가는 것이나 지식인 운동이 특정 전문가주의 운동으로 빠지기 쉬운 것도, 또 환자 운동이나 장애인 운동이 당사자주의운동으로 빠지기 쉬운 이유 중 하나가 바로 리더의 철학적 세계관의 부재 때문이라고 생각하기에 그렇다.

노동자나 환자나 장애인이 힘 있는 집단인 것은 그 힘이 그 존재 자체로부터 나오기 때문이다. 하지만 리더가 대중들에게 목표와 지향을 제시하지 못 하고, 특정 상황에서 대중들의 요구를 넘어서지 못 할 때 그 집단은 힘을 소실하게 된다. 리더가 대중들의 요구에 파묻히기 때문이다.

그래서 조합주의운동이나 전문가주의운동이 되는 것이고 또 당사자주의운동이 되는 것이다. 리더는 특정 순간에서 대중과 정면으로 싸우고 설득해야 할 상황에 직면할 때가 있다.

한 예를 들면, 예전에 병원노조에게 전 세계에서 유일하게 한국에만 존재하는, 말도 안 되는 이 선택진료비 중 일부를 수당으로 받는 것을 거부하고 폐지운동에 같이 동참하라고 했었는데 노조가 난색을 표한 적이 있었다.

나는 노조에게 "노조원들은 그 수당 몇만 원은 없어져도 살지만 환자들은 그걸 내기 위해서 가산을 탕진하게 하는 나쁜 제도이고, 더욱이 대부분이 편법으로 선택진료비를 환자들에게 챙기고 있는 마당에 당신들이 수당으로 받아야 할 돈이 아니다"라고 했었다.

나는 노조의 리더가 개별 조합원들에게 돌아가는 그 몇만 원의 수당을 포기하자고 노조원들을 설득했어야 한다고 생각한다. 노동조합이 그걸 포기하는 순간 환자는 노조의 편이 되고 운동은 연대가 이루어지며 노동운동의 신뢰는 높아진다. 대중들과 정면으로 싸우고 설득하고 교육하고 학습하는 그 과정이 없으면 운동은 힘을 얻을 수 없다는 이야기다.

이는 전적으로 리더의 몫이다.

리더가 대중들을 설득하고 또 싸우면서 대중들이 자신들의 한계를 넘어서게 만들어줘야 운동이 한 단계 진일보하게 된다. 그래야 운동은 진정한 노동운동이 되고 신뢰의 전문가 운동이 되며 힘 있는 당사자 운동이 된다. 배타적 연대가 아니라 온전한 연대가 만들어진다.

모든 운동에서 가장 위험한 사람은 각 분야에서 전문가 명패를 달고 철학이 없이 리더로 서 있는 사람들이다. 철학이 없는 전문가가 운동에서 가장 위험한 사람이다.

(2017. 6. 15. 페이스북)

우리가 착각하는 것

사람들이 착각하는 것 하나가 있는데, 그건 자신이 생각하는 것이 곧 자기의 사상이자 가치관이라고 여기는 것이다.

말과 달리 실제 마음이나 행동이 다른 경우가 허다함에도, 사람들은 자기가 내뱉은 말이 곧 자기의 신념이나 사상이라고 생각하고 실제 말한 것과 속마음의 차이를 애써 부정하거나 외면하며 산다. 다 자기합리화다.

말로는 온갖 것을 다 할 수 있고, 말로는 당장 혁명도 할 수 있다.

종교를 믿는 사람 역시 마찬가지다. 자기는 하나님을 믿는다고 하면서 항상 은혜롭고 행복하다고 하지만 생활은 불안과 번민에 빠져 있다. 이해관계에는 밝고 자기 것을 내놓으라고 하면 더 움켜쥔다. 신은 버리라고 하지만 오히려 자기 것을 더 끌어 모으고 쌓아두려고 한다.

그래서 행복한지는 모르겠지만 왜 그럴까? 그건 참 믿

음(사상)이 아니라 그저 관념에 불과하기 때문이다. 이걸 믿음이라고 착각하고 있는 것이다.

실제로는 보수지향적 사상을 가지고 있으면서 말은 엄청 과격한 위장 진보 분들도 마찬가지다.

이렇게 소위 이빨만 가지고 사는 건 참 쉬운 일이다. 내가 이런 이야기를 자꾸 하는 건 나 역시 착각에서 벗어나서 나와 우리를 더 객관적이고 냉정하게 바라보자는 생각에서이다. 이런 객관성을 확립하면 관념과 사상의 차이를 자꾸 좁히려는 노력으로 이어지기 때문이다.

사상이란 최종적으로 나를 움직이게 하는 힘이다. 그 힘이 없는 인식은 관념에 불과하다. 관념이 사상으로 전화하는 것은 오직 실천으로만 가능하다. 관념은 자꾸 불에 달궈서 두들기는 쇠처럼 오직 실천의 과정 속에서만 정금처럼 빛나는 사상이 된다.

(2022. 4. 1. 페이스북)

겉마음과 속마음
-자신이 가장 위험하다

표리부동이란 겉과 속이 다르다는 말이다. 한자로는 '표' 가 '겉'을, '리'는 '속'을 뜻한다.

표리란 원래 질감이 떨어지는 거친 무명을 말하는데, 왕과 신하들이 백성의 어려움을 생각한답시고 정초 제에 거친 무명천을 올렸다. 그러나 그때뿐 일 년 내내 이런 천 으로 옷을 해 입은 왕과 관료들은 한 사람도 없었기에 오 늘날 표리부동은 겉과 속이 다르다는 말로 쓰인다. 사람으 로는 겉마음과 속마음이 다르다는 말이다.

겉마음을 철학 용어로 말하자면 '관념' 정도로 이야기할 수 있겠다. 이 겉마음의 표현은 '말'(언어)로 나타난다. 이 와 달리 속마음은 사상이라고 이야기할 수 있는데, 이것은 어떤 행위나 실천으로 표현된다.

내가 예전에도 다른 글에서 사상이란 '결국 나를 움직이 게 만드는 힘'이라고 이야기했었는데, 다른 말로는 세계관 이라고 한다.

현실에서는 사람의 겉마음과 속마음을 함께 확인하기는 어렵지만 한 사람의 지나온 삶에는 이 둘의 모습이 고스란히 담겨져 나타난다.

따라서 어떤 사람, 나아가서는 어떤 지도자를 평가할 때 그 사람이 살아온 삶의 궤적을 살펴보는 것은 당연하고 필수적이어야 한다. 그래야 실수를 최소화하기 때문이다.

하지만 우리는 사람을 이렇게 평가하질 못 했다. 대개 평가의 잣대는 어떤 말을 하느냐가 먼저 보였고, 그 사람의 사회적 위치와 개인적 능력에 더 눈이 쏠렸다. 이는 비단 정치판뿐만이 아니라 사회운동을 하는 각종 조직에서도 거의 마찬가지다. 능력주의에 기초한 자본주의 기업 조직이야 말할 것도 없고.

정치판에서나 수많은 조직 내에서 리더를 잘못 내세우는 경우는 대부분 평가를 잘못했기 때문이다. 그리고 잘못을 반복적으로 하는 이유는 조직에 있다는 것을 잘 인식하지 못 한다. 개별적 잣대에 의한 평가는 결과가 잘못되어도 개인에 대한 비난과 퇴출로 끝을 맺게 된다. 많은 정치꾼들과 이상한 진보는 이렇게 만들어진다.

그래서 개개인에 대한 평가는 일정 기간, 조직과 집단 내에서 활동하며 대중에 의해 검증되지 않으면 위험하다. 이렇게 해도 문제가 생기는데 현실은 그렇지 않은 경우가 많다. 더구나 외모가 잘나고 언변이 좋으며 언론에 빈번히 노출되는 엔터테이너들이 우습게도 지도자로 부각되기도 한다.

거친 무명으로 옷을 해 입고 일년 내내 대중의 삶 속에서 한 명의 대중으로 살아왔던, 그리고 그 속에서도 오래도록 빛나며 사람을 연결하며 조직을 만들고 조직과 집단을 변화시켜나가는 사람. 그런 사람을 찾아야 한다. 겉마음과 속마음이 같은 사람 말이다.

그런 과정과 조직 틀이 없이는 나도 어느 순간 사기꾼이 될 가능성이 농후한 게다.

자신이 가장 위험하다.

(2022. 1. 27. 페이스북)

정말 모든 권력은
국민으로부터 나오는 것인가?

그전에는 도통 듣보잡이던 인간이 방송에 연일 나오면 어느 순간 국회의원 공천도 받고 더 나가면 황당하게도 대선 후보로까지 이름이 오르내린다. 그 인간의 철학을 묻지도 않고, 이전의 삶이 그 철학과 가치에 부합된 삶이었는지는 더더욱 묻지 않는다.

나중에 국회라도 입성해서 하는 꼴을 봐야 그제서야 '저런 개새끼인 줄 몰랐네' 한다.

좋다. 그런 놈들이야 오로지 자신의 영달만을 쫓는 인간들이니 그렇다고 치자. 하지만 적어도 세상을 바꿔보겠다고 하는 이들은 그래선 안 된다.

선거가 끝나고 당선자라고 하는 선수들의 인터뷰는 거의 대동소이하다. 한마디로, 개혁하고 바꿔보겠다는 게다. 그러나 그렇게 한 놈 보셨나? 오히려 개혁은 개뿔. 시간이 지날수록 기존 정치판의 잡배들과 똑같이 된다.

왜 그런지 아시는가? 그 듣보잡이 혼자 정치를 하기 때문이다. 당은 그런 놈들의 욕망을 국민의 이름을 들먹이며 집단적으로 관철시키는 곳에 지나지 않게 된다. 아주 조금씩 바뀌는 사회변화는 그저 이들이 던져주는 입막음용 떡고물에 불과하다.

혼자 정치를 하는 것은 그 결과가 뻔하다. 나는 지역에 뿌리내린 대중정치조직 활동의 결과로 만들어진 사람이 그 지역을 대표해서 나오는 것이 아니면, 매번 듣보잡이 혼자 정치권력 맛이나 보다가 시정잡배가 되는 꼴을 볼 수밖에 없다고 생각한다.

세상을 바꿔보겠다고 하는 소수 정당들은 어줍잖게 정치판에 이름을 올리는 게 중요한 게 아니다. 미안하지만 모든 국민들에게 당신들은 더 듣보잡이다.
그런 정치를 안 하려면 전 지역으로 흩어져서 뿌리를 내리는 활동을 해야 한다.

정말 권력이라는 게 자본주의적 선거가 아니라 국민에 의해 만들어지고 철폐된다고 생각하는가?
그러면 지금부터라도 지역의 대중 정치운동을 해라. 선거 때만 비를 뿌리지 말고 오랫동안 부슬비처럼 내리며 지난한 시간을 보내라.

 0.1%의 지지를 받더라도 생각만으로도 가슴 떨리는 새
로운 세상을 보여주는 사람과 정당을 찍고 싶다.

(2020. 4. 20. 페이스북)

기득권을 포기하는 사람을 믿어라

누구나 그렇듯이 나도 나 나름대로 사람을 판단하는 기준이 여럿 있다. 그중에서 가장 중요한 것을 꼽으라면 '기득권의 포기'를 든다. 좀 더 정확히 말하자면 '가지고 있는' 기득권의 포기다. 아직 가지지 못 한 것은 목적이고 바람일 뿐이지 기득권은 아니다.

기득권은 사전적 정의로야 법률상 취득한 적법한 권리라고 이야기할 수 있겠지만 내가 생각하는 정의는 명예, 돈, 권력 등등을 누릴 수 있는 제반 조건, 환경, 조직에 대한 권리를 통칭한다. 명예, 돈, 권력은 그걸 누려서 얻는 결과들이다.

개인적으로야 친한 사람, 자주 만나는 사람, 말이 통하는 사람 등 여러 유형의 사람들이 있을 수 있겠지만 만약 운동적으로 사람을 믿는 첫째 기준을 말하라면 난 단연코 '기득권을 포기할 수 있는 사람'이 아닌, '이미 기득권을 포기했었던 경험이 있는 사람'이라고 이야기한다.

기득권은 아무나 포기할 수 있는 것이 아니다. 이미 자기 손안에 가지고 있는 것을 놓으라고 하면 그걸 순순히 내놓을 수 있는 사람이 얼마나 되겠는가? 이타주의에 기반한 가치를 지향하는 사람이 아니면 힘든 일이다.

내 주변에는 한국에서 의사면허를 따고 각종 단체나 진보적인 연구소에서 일하면서 한 달에 월급으로 고작해야 150만 원이나 200만 원을 받는 의사들이 여럿 있다. 이들은 언제든지 맘만 먹으면 그 몇 배의 돈을 월급으로 받을 수 있건만 자신이 지향하는 삶의 가치를 위해 기득권을 포기하고 일을 한다. 대단한 사람들이다.

정치적 지향과는 별개로 이런 사람들은 믿을 수 있는 사람들이다.(이렇게 말한다고 해서 병원에서 근무하시는 의사 분들은 그렇지 않은 분들이라고 말하는 것이 아님을 충분히 아시리라 믿는다.)

배운 놈들의 치밀하고 교묘한 자기합리화

있는 놈들의 포기란 보통 돈이나 명예, 그리고 권력을 포기하는 것이지만 없는 놈들은 보통 가족이나 직장 그리고 생명을 포기해야 하는 경우가 많다. 그래서 어떤 것에 대한 포기란 있는 놈이건 없는 놈이건 모두에게 어려운 일이다.

그 어려움의 핵심은 '자기합리화' 때문이다. 자기합리화는 기득권을 포기하지 못 하게 하는 가장 중요한 장애물이다.

자기합리화는 배운 놈이건 못 배운 놈이건 다 잘한다. 하지만 배운 놈들의 자기합리화는 못 배운 놈들보다 상대적으로 훨씬 더 치밀하고 교묘하다.

개판된 당을 떠나서 다른 정당을 만들었지만 판세를 보고 다시 집단 탈당하여 도로 당으로 들어가자고 한 놈들에게도 다 자기합리화의 이유가 있는 것처럼, 운동하는 집단의 사람들에게도 다 마찬가지다.

그러면 그것이 자기합리화인지 아닌지를 판단할 수 있는 기준은 뭘까? 뭐 달리 없다.

하지만 그럴 사람인지 아닌지를 판단하는 기준은 딱 한 가지가 있다. 어떻게 살아왔는지 그 전의 삶을 보는 것이다. 그 사람이 자기 기득권을 포기하며 살았던 사람인지, 조직 내에서도 권력을 나누며 살았는지, 자기는 뒤로 하고 조직과 가치를 앞세우며 살아왔는지를 보는 것이다.

살면서 작더라도 자기 것을 한 번도 포기해보지 못 한 사람, 자기 권한을 사람들과 나누며 조직을 키우지 못 한 사람, 그래서 결국 조직과 일보다는 자기만 돋보이게 하는

사람은 진행 과정에서 끊임없이 자기합리화를 수시로 해
나갈 수밖에 없는 사람이다.

　55년을 살면서 깨달은 것 중의 하나다.

(2018. 5. 15. 페이스북)

강주성, 모두 너의 잘못이다

상황이 예전보다 많이 나아졌다고는 하지만 이 사회에서 운동이랍시고 하는 사람들은 여전히 삶이 어렵다. 하긴 나도 처음에 80만 원 받으면서 시작했던 걸 생각하면 지금은 최저생계비라도 받으니 많이 좋아지긴 했다. 물론 아직도 차비조차 못 받으면서 일을 하는 사람들이 수두룩하지만 말이다.

예전에 어른들이 "독립운동을 하면 3대가 망한다"고 했지만 그건 그리 틀린 말이 아니다. 아직도 이 사회에서 가치와 신념 때문에 사는 삶이 그리 녹록치 않으니 말이다.

나는 보건의료운동을 한다. 더 정확히 말하면 건강권 시민운동을 한다고 이야기해야 한다. 한두 번 이야기한 것이 아니지만 이 운동에는 각각의 파트마다 명실공히 전문가들이 우글우글하다. 이 속에서 시민의 힘을 조직하고 시민집단이 운동의 중심 세력으로 자리잡는 것은 정말 어려운 일이다.

나 역시 그 일을 못 했다. 기껏 평가하자면 조그만 판인 보건의료운동의 지형을 바꾸고 보건의료 이슈를 대중화시키면서 제도를 바꾸는 데 기여했을 뿐이다. 한마디로, 대중운동은 하지도 못 하고 내내 개량운동만을 해온 것이다. 내 한계이고 또 건강세상네트워크의 운동적 한계다.

나는 여기까지지만 다음 세대가 운동을 대중운동의 영역으로 지평을 확장시킬 수 있을지는 미지수다. 한마디로, 누가 이런 짓을 하겠냐 말이다. 장기적인 삶의 비전도 안 보이고, 생활은 항상 어려우며 노후 대책 같은 것은 꿈도 꾸지 못 하는 이 일을 앞으로 하고자 할 후배들이 있을까 싶은 것이다.

건강세상네트워크의 활동으로 전 국민 장기노인요양보험이 입법화되었고, 암환자들의 본인부담금이 떨어졌다. 아울러 본인부담금상한제가 만들어지고, 중증질환등록제가 시행되었으며, 선택진료비가 폐지되어 전 국민이 혜택을 누리게 되었어도 조직의 지속가능성은 아직도 안개와 같다.

다 내 잘못이다.
애초에 리더의 자질이 안 되는 사람이 앞에 서 있던 결과다. 제대로 된 리더였더라면 후배들에게 비전을 제시하고, 조직의 지속가능한 물질적 기초를 만들며 전문가 운동을 대중운동으로 지평을 확장했어야 하는데 그러질 못 했다.

이 병들고 가방끈 짧은 활동가는 국가혈액관리 체계를 바꾸는 데까지가 내게 부여된 임무라고 생각하고 있다. 이 분야는 민간의 비전문가 영역에서는 아무도 할 사람이 없기에 이는 내게 맡겨진 하나의 운동적 짐이라고 생각한다. 다만 그때까지 더 아프지 말고 버텨주기만을 바랄 뿐이다.

(2018. 6. 27. 페이스북)

왜 나는 개량주의자가 되어버렸나

지금은 없어졌지만 불과 몇 년 전까지만 해도 병원에 가면 선택진료비(특진료)라는 게 있었다.

전 세계 우리나라가 유일했던 이 제도는 온갖 편법과 불법으로 환자들의 돈을 갈취해 내는 제도였다. 선택진료비는 예를 들어, 방사선 1회 치료를 10만 원이라고 가정하면, 선택진료비가 비급여로 10만 원이 붙는데 10회 하면 100만 원, 20회 하면 200만 원의 선택진료비가 붙었다. 방사선 치료비 자체를 제외한 순전히 비급여 비용이었고 원가도 없는 돈이었다.

한 번 입원하고 나면 각종 수술, 검사, 진단 등 총 8가지 항목에 이런 선택진료비가 수백만 원씩 붙는 건 다반사였다. 모두 비급여이기 때문에 일반 환자는 물론이었지만 의료급여 환자들은 정말 죽을 맛이었다. 독거노인들은 이게 무서워서 외래 방사선치료를 포기했다.

이런 선택진료비 시장 규모가 2006년만 해도 일 년에 약 5천억 원 정도가 됐었다. 이게 매년 오르는 진료수가와 연동되어 부과되는 것이었기 때문에 선택진료비 시장 규모는 매년 증가했다.

병원 입장에서는 원가도 없는, 그야말로 눈먼 돈이었다. 나중에는 1조 원을 넘어 연 1조 5천억 원 시장이 형성되었다 이걸 없애려고 무수히 싸웠지만, 꼬박꼬박 들어오는 이런 알돈을 어느 누가 순순히 포기한단 말인가? 폐지하자는 건 그야말로 씨도 안 먹히는 주장일 뿐이었다.

우리 단체는 결론적으로 이 비용을 각종 수가에 녹여서 아예 선택진료라는 항목 자체를 없애는 것이 아니면 폐지 자체가 어렵다고 판단했다. 병원이 가져가는 돈은 그대로 두되 항목 자체를 없애서 국민들의 비용부담을 없애자는 대안이었다.

하지만 이런 주장에 일각의 시민단체들은 결국 국민들 돈 들어가는 건 마찬가지 아니냐고 이야기하면서 오히려 그게 편법이라고 비판했다.

그러나 아예 폐지해야 된다고 주장하는 것 외에 정말 어떻게 이걸 없앨 수 있는지에 대한 다른 대안을 내놓지는 못 했다.

병원 노조 역시 선택진료비가 폐지되면 병원의 큰 수익이 줄어들기에 동참하지도 않았지만 일부 동참한 노조도 선택진료비를 걷어서 조합원들이 매달 받는 수당에 정면으로 싸우지 않았다.

"환자는 대출을 받고 집을 팔아서 병원비와 선택진료비를 내는데 당신들은 고작 몇만 원의 수당 안 받아도 살 수 있지 않은가? 선택진료비 수당 반납 기자회견을 같이하면서 철폐 투쟁선언하자"고 했지만 거절당했다.

다들 싸워서 폐지시키자는 것 말고는 다른 대안을 내놓지 않았다. 그리고 우리는 그 이후로도 거의 십 년을 싸웠다.

결국 선택진료비는 폐지되었다. 우리가 이야기한 대로 각종 수가에 얹어서 항목을 없애버린 것이다. 지금은 병원에 가면 선택진료비라는 게 없다.

환자들은 이제 그 비용이 무서워서 병원을 가고 말고를 걱정하지 않게 됐다. 의료급여 환자들은 환영했다. 병원이 환자들 돈을 갈취하기 위해 저질렀던 온갖 편법과 불법행태들도 사라졌다. 예전에 이 비용을 내신 분들은 이 제도가 얼마나 허무맹랑한 것이었는지 알 것이다.

아무튼 선택진료비라는 것은 그렇게 역사 속으로 사라졌다. 아이러니하게 선택진료는 박근혜 정부에서 폐지되었다.

하지만 내가 묻고 싶은 것이 있다.

도대체 세상은 어떻게 바뀌는 것이냐는 것이다. 여기서 내가 묻고 싶은 것은, 이념은 도대체 뭐냐는 것이고, 운동하면서 왜 자기 것은 포기하지도 않으면서, 대중조직을 운영하는 사람들은 왜 대중을 설득하고 가치를 심어주는 일은 포기하느냐 하는 것이다.

그리고 왜 나는 그들에게 개량주의자가 되어버렸나 하는 것도.

(2022. 5. 21. 페이스북)

대중운동에 대한 단상 모음

지식과 사상

사람들은 지식과 사상은 다르다고 생각한다.

그런데 사람들은 보통 자신이 알고 있는 지식이 자기의 사상이라고 생각한다. 착각도 풍년이다.

그 하늘과 땅의 차이를 치열하게 좁히려 하지 않는다.

진보 아닌 진보가 판을 치고, 운동이 오뉴월 개차반이 되는 이유다.

(2015. 9. 29. 페이스북)

진보가 성장하지 못 하는 가장 큰 문제는 노동운동의 황폐화에 있다

부문운동의 성장은 건강한 계급계층운동의 토양에서 이루어진다. 그중 가장 중요한 바탕이 바로 노동운동이다. 노동운동이 건강하게 있어야 각 부문의 운동이 뿌리를 내리고 그 뿌리가 얽히고설켜서 전체 운동을 이루어내는 것인데 그러기에는 오늘날의 노동운동은 많이 황폐화되었다.

그래서 각 부문운동의 활동가들이 열심히 씨를 뿌리고 키우고자 해도 금방 말라죽거나 싹이 나와도 비실비실 힘이 없게 된다.

내가 일하는 보건의료운동 부문도 예외는 아니다. 노조의 수장들이 권력을 탐하거나 개인적 욕망을 드러내는 게 비일비재하고, 덩달아 노조 조직 자체의 입장이나 행태를 보더라도 과연 저 조직을 국민과 환자의 입장에 선 집단으로 봐야 할지 아니면 사측으로 분류해야 할지 고민되는 때가 한두 번이 아니다.

진보의 이름으로 활동하는 조직이나 개인이 가장 무섭다. 도처에 가짜 진보들이 판을 친다. 지식기술자보다 더 무섭고 위험하다.

(2018. 10. 26. 페이스북)

미숫가루23과 대중운동

아는 분이 미숫가루를 보내주셔서 먹고 있다. 콩, 보리, 조, 현미 등등 무려 23가지 잡곡을 갈아서 만든 거라는데 미숫가루 탈 때, 여기에 꿀을 넣었더니 음식이 목으로 잘 안 넘어가는 내가 먹기에도 딱 좋게 되었다.

갑작스럽게 들리겠지만, 그런 미숫가루 같은 운동조직을 만들어보고 싶다.

23가지 각기 다른 곡류가 모여 미숫가루의 맛을 만들어 내는 것처럼 각기 다른 사람들을, 건강권을 지향하는 하나의 틀로 어떻게 담아낼 수 있을까 하는 것이 요새 나의 주된, 고민 아닌 고민이다. 먹기 좋게 맛을 내는 꿀(전문가)도 1/24로 섞어서 말이다.

이런 대중조직을 만들어내지 못 하면 전문가주의를 극복하지 못 한다. 세상의 단 한 조각도 변화시키지 못 한다는 이야기다.

미숫가루23, 새롭고 창조적인 대중운동 조직을 만들어 보고 싶다.

(2019. 6. 16. 페이스북)

싸움의 기본은 관련 정보를 확보하는 것

싸움의 기본은 관련 정보를 확보하는 것이다.

한 예로 의료사고 소송에서 환자가 거의 질 수밖에 없는 이유는, 내 몸을 놓고 싸우는데 나에 대한 정보가 나에게는 없고 의사와 병원에게는 100% 있다는 사실 때문이다.

그래서 관련 정보를 획득하는 것은 싸움의 승패를 좌우한다. 더욱이 상대가 정부 기관이나 공공조직이면 더 말할 것도 없다.

근데 싸움을 왜 하느냐?

세상은 싸움을 하지 않으면 던져주는 것이나 받아먹고 살게 되어 있어서 그렇다. 그래서 저들이 국민들을 던져주는 것이나 받아먹는 개돼지 취급하는 것이다. 특히 장애인, 아동, 환자, 난민, 노인, 성소수자 등등 힘없고 빽 없는 사람은 더더욱 그렇다.

자신을 지키기 위해, 내 가족을 지키기 위해, 지금도 싸우는 분들이 계신지? 아래의 정보공개포탈을 충분히 활용하시기 바란다.

www.open.go.kr

정보획득 과정은 모든 투쟁의 준비단계다.

(2019. 7. 13. 페이스북)

"자기 것을 버리는 사람을 믿으라니까!"

한 사람의 생각이나 사상은 삶 전체를 봐야 알 수 있지만 그때그때 보여지는 말과 행위로도 일부 가늠할 수 있기도 하다.

하지만 개인이 이미 가지고 있는 재물, 직업, 사회적 위치, 명예 등이 위협받거나 흔들릴 때, 또는 그것을 더 크게 만들 수 있는 상황과 기회가 왔을 때는 더 분명하게 바닥의 생각과 사상이 드러난다.

사람들이 살면서 상대에게 실망하게 되면 "그럴 줄 몰랐다"는 말을 많이 한다.

그럼 어떨 줄 알았다는 이야기일까? 한마디로, 자기와 똑같았을 줄 알았다는 게다. 주관적이고 착각이었다.

보통의 경우, 이런 관계는 소원해지거나 시간이 가면 깨지게 되어 있다. 그런데 매번 다른 생각들이 보여도 관계의 믿음을 유지하는 경우가 있다.

나는 페북에서 두어 번 "자기 것을 버리는 사람을 믿어라"는 말을 한 적이 있다. 그것이 무엇이 됐든, 크든 작든 간에 자기 손에 움켜쥐고 있는 것을 놓았던 사람을 믿으라는 것이다.

자기 것을 포기하는 태도와 사상은 거의 대부분의 경우 사람들에게 나쁜 영향을 주지 않는다. 이런 사람의 중심을 보고 사람을 만나면 생각의 다름을 보게 되어도 실망이 아니라 차이로 인식되어진다.

이래저래 세상이 어렵고 힘든 만큼 그동안 안 보였던 것들이 마구 드러나는 시간이지 싶다.

이럴 때 가장 조심해야 할 인간은 그동안 입만 가지고 살아왔던 놈들이다. 이런 놈들이 도처에 깔렸다.

그런 놈들을 판단해내지 못 하는 것이 돈도 없고 힘도 없는 우리들이 분열되고 찢어지며 반목하게 되는 이유이기도 하다.

(2020. 4. 8. 페이스북)

제일 조심해야 할 놈들의 기준 몇 가지

1. 온갖 논리로 말을 해대며 슬쩍슬쩍 언론에 이름과 얼굴을 팔다가 전문가란 이름으로 권력을 잡은 자.

2. 피해자나 당사자 조직에서 그를 나가라고 할 수 있는 자가 아무도 없는, 유아독존의 자리에 계속 앉아 있다가 피해자와 당사자의 지분으로 권력을 잡은 자.

3. 평생 살아오면서 먹고사는 문제에 전혀 어려움을 갖지 못 했던 자.

4. 이전 삶의 궤적에서 실질적으로 자기 것을 한 번도 대중에게 내어준 적이 없는 자.

이런 자들의 공통점은 보수 진보 공히, 모두 입으로 먹고산다는 것이다.

(2021. 4. 4. 페이스북)

자기검열 1

이미 이념적으로 혁명 운동을 하는 것도 아닌데 그 낡은 관념이 활동의 모든 것을 자기검열한다. 그래서 내 의지와 상관없이 이 자기검열 장치는 활동의 폭과 방식, 그리고 연대의 폭을 현저히 비틀고 축소시킨다. 고리타분하여 창조성도 없다.

개인인 나도 이럴진대 진보랍시고 이념의 틀을 깨지 못하고 운동하는 조직들의 집단적 경향성은 정말 해악적으로 보인다. 운동이 전전긍긍할 수밖에 없는 이유가 (외부도 외부지만) 내부에 있을 가능성이 훨씬 더 높다.

이념보다, 어떤 가치를 지향하며 실현하고자 하는지가 더 중요하다.

자기검열 2

어떤 제약회사가 모 재단에 환자를 위한 일에 써달라고 다른 조건 없이 5천만 원을 기탁했는데 한 후배가 이 기금의 지원으로 뭘 해보겠냐고 하는 재단의 제안을 거절했다고 한다. 제약회사의 돈이라서 찜찜하다는 게 그 이유다. 그 회사가 특정 주제와 연구방식을 제안하고 결과물을 회사의 소유로 하자고 하는 것도 아닌데 말이다.

이념적으로 만들어진 선악의 구분에서 나온 자기검열의 결과다. 기금을 받는 것이, 정승같이 쓰기 위해서 개같이 버는 것도 아닐진대, 혹여 내가 그 돈을 받아서 활동하면 우리 현실에선 자칫 나는 개가 되기 십상이다.

이념이 고정되어 있으면 위험해진다.

(2021. 4. 26. 페이스북)

단체 소개

간호와 돌봄을 바꾸는 시민행동

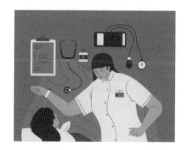

간호와 돌봄을 바꾸는 시민행동 선언문

초고령 사회 도래와 만성질환으로의 질병구조 변화는 간호와 돌봄에 대한 공적 사회보장이 요구된다. 그러나 우리의 현실은 전 국민 대상 건강보험이 시행되고 있음에도 의료기관 간병비용과 간병 책임이 모두 환자와 보호자에게 전가되고 있으며, 사회적 돌봄 결핍으로 간병 살인, 간병 자살, 간병 파산 등 극단적인 비극이 발생되고 있다.

모든 사람은 노화나 질병, 사고, 장애 등으로 인해 누구에게나 돌봄의 필요는 발생되며, 돌봄 대상자의 대다수가 만성질환을 가지고 있기에, 간호와 돌봄을 연계하는 통합적 지향이 요구된다.

시민행동은 간호와 돌봄을 헌법으로 보장된 국민의 기본권으로 규정되어야 함을 선언하며, 공적 책임 하에 간호돌봄 전달체계와 그에 따른 재원 조달체계에 대한 정책 수립 및 제도개선을 요구하는 바이다.

최근 간호법 제정으로 제기되는 간호와 돌봄에 대한 사회적 논의를 보며, 간호와 돌봄의 대상자인 시민이 배제된

채, 전문가집단들의 주장만 난무할 뿐 아니라 전문가집단
인지를 의심할 만큼 허위사실과 가짜뉴스들이 판치고 있
다. 특히 간호를 치료 중심의 의료기관 안에 가두어 돌봄
과 분절시키려는 의도와 행동은 국민과 환자를 위한 것이
아니라고 판단되기 때문에 이에 대해서 결코 좌시하지 않
을 것이다.

현재 국회 계류 중인 간호법이 제정된 이후에는 법률의
명칭을 '간호와 돌봄에 관한 법률'로 변경해야 하며, 돌봄
전문인력을 포함하여 간호돌봄 전달체계의 제도적 기반
을 마련하는 방향으로 개정되어야 한다.
간호법만으로 간호와 돌봄을 바꿀 수는 없다. 간호돌봄
전달체계를 구축함과 동시에 장기요양보험재정을 통합간
호돌봄보험으로 확대 개편하는 간호돌봄 재정체계를 구
축해야 한다.

그리고 국가와 지방정부의 책무를 확대 강화해야 한다.

첫 번째는 간호와 돌봄제공기관 인프라를 확충해야 한
다. 전체 의료기관 중 공공의료기관의 비중은 5%에 불과
하고, 노인돌봄을 위한 국공립요양시설은 3%, 국공립재가
시설은 1% 수준에 불과하다. 코로나19에서 보았듯이 민

간에 의존한 의료 및 돌봄 공급구조는 재난적 위기 상황에서 제대로 작동하지 않으며, 시민들의 보편적 건강 및 돌봄을 보장할 수 없다.

두 번째는 국가와 지방정부는 공적 재원으로 투여되는 의료기관 및 돌봄기관의 불법에 대해 감시와 법적 조치를 강화해야 하며, 방치되어 있는 간호와 돌봄 관련 제도 개선과제를 즉각 이행해야 한다.

세 번째는 간호와 돌봄은 노동집약적 성격이 강한 부문임에도 간호와 돌봄노동에 대한 가치가 저평가되고, 살인적인 노동 강도까지 더해져 인간 누구에게나 필요한 간호와 돌봄업무 종사자의 자긍심은 추락되고, 기피하는 일자리로 전락되었다. 우수한 간호돌봄 인력을 양성하고, 거주하는 지역에서 간호돌봄서비스를 받을 수 있도록 적정한 배치가 이루어져야 하며, 장기근속을 통해 간호돌봄서비스의 수준을 높이는 정책 수립 또한 국가와 지방정부의 책무이다.

시민행동은 간호와 돌봄이 시민의 권리임을 선언하며, 국가와 지방정부의 간호와 돌봄에 대한 공적 책임 확대 강화, 간호법 제정 등을 통한 간호돌봄 전달체계 구축, 간호와 돌봄노동자의 정당한 노동가치 보상체계 마련, 불법 의료기관 및 돌봄기관에 대한 감시와 법적 대응 등의 활동을 통해 간호돌봄 대상자와 간호돌봄 노동자 모두가 행복한 세상을 만들어나갈 것이다.

간호와 돌봄을 바꾸는 시민행동 10대 강령

1. 돌봄에 대한 공적 가치 정립을 위해 돌봄 기본권을 헌법으로 명시한다.

2. 간호와 돌봄이 대상자의 필요에 따라 적정하게 제공되는 원칙과 제도를 수립한다.

3. 의료기관 간호간병과 지역사회 통합돌봄을 연계하는 간호돌봄 국가책임제를 실현한다.

4. 간호와 돌봄을 위한 국공립시설, 공공통합재가센터 확충 등 공공인프라를 강화한다.

5. 간호법 제정 등을 통해 돌봄대상자 중심의 간호돌봄 전달체계를 구축한다.

6. 간호돌봄인력의 원활한 수급과 적정배치 정책을 마련하여 간호돌봄인력의 노동강도를 개선한다.

7. 간호돌봄 노동자의 노동이 정당하게 보상될 수 있도록 지불보상제도를 개선한다.

8. 우수한 간호돌봄인력 양성과 숙련된 간호돌봄인력 확보를 위한 정책을 수립한다.

9. 간호와 돌봄에 대한 국가와 지방정부의 법적 책무를 감시하고, 법적 조치를 강구한다.

10. 불법 및 편법으로 간호와 돌봄을 제공하는 기관을 감시하고, 법적 조치를 강구한다.

(2022. 6. 27. 시민행동 선언문과 10대 강령)

간호와 돌봄을 바꾸는 시민행동

간호다운 **간호**를 받기 위해
인간다운 **돌봄**을 받기 위해

간호와 돌봄을 바꾸는 시민행동에

일만원으로
힘을 모아주세요

불법에 대한 공익소송, 헌법소원 등 간호돌봄 제도개선 활동과
캠페인, 서명운동, 청원, 집회와 같은 시민연대 활동 등
가능한 모든 사업을 전개하겠습니다.

참여 방법 1) 문자나 카톡 등으로 받은 링크 주소를 클릭하여 참여신청서 작성 · 전송한 후 아래 계좌로 회비 1만원 송금하거나
2) 아래 이메일로 성명, 주소, 연락처, 이메일 주소, 소속/직업을 적어 보내고 계좌로 회비 1만원 송금
3) 또는 다음의 홈페이지(civicaction2022.net)에 접속해서 신청서 작성 · 전송 후 계좌로 회비 1만원 송금

시민행동 참여문의 010-6286-2190 (박시영 활동가)
홈페이지 civicaction2022.net | 이메일 civicaction2022@gmail.com | 카카오톡 아이디 civicaction
계좌번호 농협 312-0219-5460-21 (예금주 : 박시영 간호와 돌봄을 바꾸는 시민행동)

주관 간호와 돌봄을 바꾸는 시민행동